한 번이라도
하나님께 물어봐라

한 번이라도 하나님께 물어봐라

초판발행일 | 2021년 3월 25일

지 은 이 | 이상귀
펴 낸 이 | 배수현
디 자 인 | 박수정
제 작 | 송재호
홍 보 | 배보배

펴 낸 곳 | 가나북스 www.gnbooks.co.kr
출 판 등 록 | 제393-2009-000012호
전 화 | 031) 408-8811(代)
팩 스 | 031) 501-8811

ISBN 979-11-6446-033-5(03230)

※ 가격은 뒤 표지에 있습니다.
※ 잘못된 책은 구입하신 곳에서 교환해 드립니다.
※ 원고 투고 : sh119man@naver.com

행동하기 전 **주님과 의논**하라

한 번이라도 **하나님께 물어봐라**

이 상 귀
지음

PROLOGUE

들어가기 전에 …

하나님은 온 우주 만물의 창조주이시며 피조물 된 우리의 주인이시다. 때문에, 우리의 주인이신 하나님의 말씀에 기쁨으로 순종해야 한다.

아담은 범죄 하기 전 하나님의 온전한 은혜와 사랑 안에서 하나님의 말씀에 즐겁게 순종하는 삶을 살았다. 하지만 아담이 사단의 유혹에 빠져 교만과 탐욕의 노예로 전락하자, 그는 하나님의 말씀에 순종하는 복된 삶의 궤도에서 벗어났다. 성경은 그 길이 결국에는 사망의 길임을 우리에게 거듭 경계하고 있다.

오늘날 우리가 살고 있는 이 세상은 대화 단절의 시대, 소통 부재의 시대라 할 수 있다. 많은 사람들이 하나님과의 생명의 교제를 상실한 채, 세상 정욕에 눈이 어두워 숨 가쁜 일상 속을 허덕이며 살아가고 있고, 날로 짙어져가는 세속주의와 이기주의의 영향으로 가족과의 대화와 이웃과의 인격적인 교제가 상실되어 가고 있음에 마음이 아프다.

하나님은 이러한 사망의 길을 내달리는 우리를 긍휼히 여기셔서 친히 독생자를 이 땅에 보내 주셨다. 우리가 받아야 할 죄의 형벌을 독생자의 십자가의 죽음을 통해 도말하시고 우리를 구원하여 하나님의 자녀로 삼아 주셨다. 뿐만 아니라 성령으로 항상 우리와 함께 하셔서 영생의 하나님과 동행하는 복된 삶을 살게 하셨기 때문에, 성령의 인도하심을 따라 사망의 그늘진 이 세상에서도 하나님과 늘 대화하며 살아갈 수 있다.

하지만, 우리의 주위를 둘러볼 때 이처럼 하나님의 복된 인도하심을 따라 하나님과 생명의 대화를 나누며 살아가는 사람들이 그리 많지 않음을 발견하게 된다. 이러한 사람은 진정한 구원 받은 그리스도인이라 말할 수 없다. 그저 말만, 무늬만 있는 종교인일 뿐이다. 그 이유는 무엇일까? 그것은 하나님의 말씀으로 부요하여 그 말씀의 빛으로 드러난 죄를 회개하지 않고, 성령으로 감동하시며 의논하시는 하나님의 음성에 깨어 반응하며 기도하지 않는 악하고 게으른 우리의 불순종 때문일 것이다. 이제는 위선된 종교인의 삶에서 참된 신앙인으로 거듭나야 된다. 이것이 필자가 '한 번이라도 하나님께 물어봐라'를 쓰게 된 동기이다.

'물어봐라'의 사전적 의미는 '해결하기 위한 의견을 서로 주고받다'이다. 다시 말해, '의논'이라는 말은 '어떤 문제를 해결하거나 또는 장래의 일을 결정하기 위해 대등한 인격체 사이에 주고받는 대화'를 의미한다.

하나님과 우리의 관계는 창조주와 피조물의 관계요, 주인과 종의 관계이다. 우리는 감히 하나님과 의논할 자격이나 능력이 없으나, 지극히 크신 인격을 가지신 하나님은 아담이 범죄 했을 때 그에게 먼저 찾아와 그와 대화하셨고 그에게 구원의 가죽옷을 손수 지어 입혀 주셨다.(창 3:21) 뿐만 아니라 마침내 말씀이 육신이 되어 이 세상에 오셔서 죄인인 우리들을 친구삼아 주셨다.(요15:14) 그리고 우리와 함께 먹고 마시고 의논하시며 자신의 영광과 하늘의 비밀을 이야기해 주셨다.(요21:12~13, 히 1:1~2) 하나님은 지금도 우리가 그의 자녀요 신부요 친구로서, 모든 일을 그와 의논하며 그와 동행하는 복된 삶을 살아가기를 원하신다.

이 책 '한 번이라도 하나님께 물어봐라'는 하나님이 죄인들에게 먼저 찾아와 그와 의논하시며 교제하시는 하나님의 이야기이다. 이를 통해 하나님과 동행하는 삶을 살아가는데 조금이나마 도움이 되기를 소망한다. 하나님과 여쭙고 의논하는 삶이야말로 그를 가장 기쁘시게 해드리는 것이며 하나님이 에덴동산에서 우리에게 원하셨던 삶이기 때문이다.

이 상 귀

한 번이라도
하나님께 물어봐라

CONTENTS

목차

CONTENTS

목차

한 번이라도
하나님께 물어봐라

제1부

버리자!

01

싸우리이까? 말리이까?

"이스라엘 자손이 올라가 여호와 앞에서 저물도록 울며 여호와께 여쭈어 이르되 내가 다시 나아가서 내 형제 베냐민 자손과 싸우리이까 하니 여호와께서 말씀하시되 올라가서 치라 하시니라 그 이튿날에 이스라엘 자손이 베냐민 자손을 치러 나아가매 베냐민도 그 이튿날에 기브아에서 그들을 치러 나와서 다시 이스라엘 자손만 팔천 명을 땅에 엎드러뜨렸으니 다 칼을 빼는 자였더라."(삿20:23~25)

사사 시대에 어떤 레위 사람이 에브라임 산지 구석에 거류하고 있었다. 그는 유다 베들레헴에서 첩을 맞이하였는데 이 첩이 행음하고 친정으로 돌아가 거기서 넉 달을 지내고 있을 때였다. 레위인 남편은 그의 첩을 데려오기 위해 베들레헴에 들러 그곳에서 며칠을 묵었다. 그 뒤, 레위인은 그의 첩을 데리고 그의 종과 함께 에브라임으로 돌아오려고 길을 나섰다. 저녁 무렵, 마침 밭에서 일하는 기브아의 한 노인이 그들을 자기 집으로 초청하였다. 레위인은 그의 종과, 그의 첩과 함께 그 노인의 집에 들어가 하룻밤을 머물게 된다.

그들이 쉬고 있을 때였다. 그 동네 불량배들이 레위인이 유숙하는 노인의 집을 둘러싸고는, 노인의 만류에도 불구하고 강제로 레위인과 상관하려고 하였다. **"너는 여자와 동침함 같이 남자와 동침하지 말라 이는 가증한 일이니라 내가 너희 앞에서 쫓아내는 족속들이 이 모든 일로 말미암아 더러워졌고 그 땅도 더러워졌으므로 내가 그 악을 말미암아 벌하고 그 땅도 스스로 그 주민을 토하여 내느니라."**(레18:22~25) 레위인이 하는 수 없어 그의 첩을 문 밖으로 끌어내자 그들은 밤새도록 그녀를 능욕하였다. 다음날 아침 레위인이 일찍이 일어나 보니, 그의 첩은 집 문에 엎드러져 이미 죽어 있었다. 레위인은 죽은 첩의 시체를 나귀에 싣고 집으로 돌아와서 칼로 그 시체를 열두 덩이로 나누었다. 그것을 각각 이스라엘 열두 지파로 보내며, 이 악한 일을 저지른 베냐민 기브아 사람들을 징벌하기를 그들에게 요구하였다. 이스라엘 지파들은 이 황당한 소식을 접하고는 먼저 베냐민 사람들에게 그 악행을 저지른 기브아 불량배들을 그들에게 넘겨 달라고 요구하였다. 하지만 베냐민 지파는 도리어 이스라엘 지파와 싸우고자 하였다.

이스라엘 백성들은 전쟁에 앞서 먼저 벧엘에 올라가서 **"우리 중에 누가 먼저 올라가서 베냐민 자손과 싸우리이까"**(삿20:18)라며 하나님께 기도하였다. 하나님은 그들에게 유다 지파가 먼저 올라가 싸우라고 말씀하셨다. 그런데 첫 전쟁에서 이스라엘 백성들은 베냐민에 패하여 이만 이천 명의 군사들이 죽임을 당하고 말았다. 그들은 다시 용기를 내어 하나님 앞에서 날이 저물도록 울며 **"내가 다시 나아가서 내 형제 베냐민과 싸우리이까"**(삿20:23) 하고 기도하였다. 하나님은 그들에게 다시 올라가서 베냐민을 칠 것을 말씀하셨다. 하지만 이번에도 이스라엘 자손 만 팔천 명이 베냐민에 의해 전장에서 죽임을 당하였다. 이에 온 이스라엘 백성들은 벧엘에 올라가 울며, 날이 저물도록 금식하며 하나님께 번제와 화목제를 드리고는 기도하였다. **"우리가 다시 나아가 내 형제 베냐민 자손과 싸우리이까 말리이까."**(삿20:28) 하나님은 마침내 그들에게 **"올라가라 내일은 내가 그를 네 손에 넘겨 주리라"**(삿20:28)고 응답하셨다. 그리고 베냐민 자손은 하나님의 말씀대로 이스라엘에 패하여, 그날 전쟁에서 이만 오천 명의 군사들이 죽임을 당하고 그들은 겨우 육백 명만 살아남게 된다.

이처럼 이스라엘 백성들은 먼저 하나님 앞에서 자신들의 불순종의 죄악을 철저히 회개하지 않았다. 베냐민 지파를 징벌하기에만 혈안이 되어 무모한 전쟁을 벌이다 두 번이나 싸움에 지고 말았다. **"그가 범한 죄로 말미암아 흠 없는 수송아지로 속죄제물을 삼아 여호와께 드릴지니 …… 제사장은 또 그 피를 여호와 앞 곧 회막 안 향단 뿔들에 바르고."**(레4:3~7) 하나님이 받으시는 기도는 말씀의 거울에 비추인 자신의 죄를 먼저 고백하고 그 죄에서 돌이키는 것이다. 참된 회개 또한 우리의 영혼의 거울인 하나님의 말씀으로 돌아오는 것이다. 제사장이 회막과 제단에 나아갈 때에는 반드시 물두멍에서 그들의 수족을 먼저 씻어야 했는데, 이 물두멍이 회막에서 수종 드는 여인들의 거울로 만들어진 것도 그러한 이유에서일 것이다.(출38:8) **"내 마음을 주의 증거들에게 향하게 하시고 탐욕으로 향하지 말게 하소서 내 눈을 돌이켜 허탄한 것을 보지 말게 하시고 주의 길에서 나를 살아나게 하소서."**(시119:36~37)

하나님이 이스라엘 백성들의 세 번째 기도에 응답해 주신 이유는 무엇일까? 그것은 그들이 드린 제물 때문이 아니라, 그들이 비로소 제사장 비느하스가 모시고 있던 하나님의 언약궤를 바라보았기 때문이 아닐까. **"이스라엘 자손이 여호와께 물으니라 그때에는 하나님의 언약궤가 거기 있었고 아론의 손자인 엘르아살의 아들 비느하스가 그 앞에 모시고 섰더라."**(삿20:27~28) 그리고 말씀의 거울에 비쳐진 자신들의 죄를 깨닫고 비로소 전쟁의 주권을 하나님께 내려놓은 그들의 겸비함 때문은 아닐까. "싸우리이까? 말리이까?" 하지만 전쟁이 끝난 뒤, 이스라엘 백성들은 베냐민 지파의 종족을 보존하기 위해 살아남은 베냐민 군사들의 아내를 구할 때에도 먼저 하나님의 말씀 앞에 철저히 회개하며 하나님의 뜻을 묻지 않았다. 그 결과 이스라엘 백성들 가운데는 불행한 일들이 꼬리를 물고 일어났다.(삿21:16~23) 말씀이신 하나님의 언약궤를 통해 자신들의 죄악을 깨닫고 그 죄에서 돌이킴이 없다면, 그것은 단순히 하나님의 언약궤를 우상처럼 바라보는 행위에 불과하기 때문이다.(삼상14:18~19) **"여호와의 언약궤를 실로에서 우리에게로 가져다가 우리 중에 있게 하여 그것으로 우리를 우리들의 원수의 손에서 구원하게 하자 하니."**(삼상4:3)

우리는 먼저 우리 자신이 하나님의 말씀으로 돌아와 하나님 앞에 불순종한 죄인임을 고백해야 한다. 그리할 때, 우리는 다른 사람을 정죄하거나 성급하게 징계하고자 하는 어리석은 일을 행하지 않을 수 있다. 그렇지 않으면, 우리의 삶은 하나님의 말씀의 뜻 안에서의 복된 순종의 삶이 아닌, 자기 소견(원문에는 'בעיניו-그의 눈으로'라는 의미임)에 옳은 대로 행하는 불행한 삶이 될 수밖에 없을 것이다. 하나님이 보시기에, 우리의 삶이 오늘의 사사기 22장을 써 내려가는 가증스러운 삶이 될 수밖에 없기 때문이다. **"어찌하여 형제의 눈 속에 있는 티는 보고 네 눈 속에 있는 들보는 깨닫지 못하느냐 보라 네 눈 속에 들보가 있는데 어찌하여 형제에게 말하기를 나로 네 눈 속에 있는 티를 빼게 하라 하겠느냐 외식하는 자여 먼저 네 눈 속에 있는 들보를 빼어라."**(마7:3~5) **"그러므로 남을 판단하는 사람아 누구를 막론하고 네가 핑계하지 못할 것은 남을 판단하는 것으로 네가 너를 정죄함이니 판단하는 네가 같은 일을 행함이라 이런 일을 행하는 자에게 하나님의 심판이 진리대로 되는 줄 우리가 아노라."**(롬2:1~2)

유다 왕 아하스는 앗수르 왕 디글랏빌레셋을 만나러 다메섹에 갔다. 아하스 왕은 거기 있는 제단을 보고는, 그 제단의 식양과 구조를 제사장 우리야에게 먼저 보내어 그 식양대로 제단을 만들도록 명령하였다. 그는 다메섹에서 돌아와 새로 만든 제단 앞에 나아가 제사를 드리고, 원래 성전 앞에 있던 놋제단을 새로 만든 제단과 여호와의 성전 사이에서 옮겨다가 그 제단 북쪽에 두었다. 그리고는 제사장 우리야에게 **"오직 놋제단은 내가 주께 여쭐 일에만 쓰게 하라"**(왕하16:15)고 명령하였다. 하지만 아하스 왕은 회개하지 않았기에, 그는 오히려 앗수르 왕의 공격을 받고 그로부터 극심한 환난을 겪게 된다. **"악인의 제사는 여호와께서 미워하셔도 정직한 자의 기도는 그가 기뻐하시느니라."**(잠15:8) **"사람이 귀를 돌려 율법을 듣지 아니하면 그의 기도도 가증하니라."**(잠28:9)

북 이스라엘의 여호람 왕도 그러하였다. 당시 사마리아는 아람 군대에 에워싸여 기근이 극심하였다. 나귀 머리 하나에 은 팔십 세겔이요, 비둘기 똥 사분의 일 갑에 은 다섯 세겔이 될 정도였다. 어느 날 여호람이 성 위로 지나갈 때였다. 한 여인이 왕에게 이렇게 호소하였다. **"이 여**

인이 내게 이르기를 네 아들을 내놓아라 우리가 오늘 먹고 내일은 내 아들을 먹자 하매 우리가 드디어 내 아들을 삶아 먹었더니 이튿날에 내가 그 여인에게 이르되 네 아들을 내놓아라 우리가 먹으리라 하나 그가 그의 아들을 숨겼나이다."(왕하6:28~29) 왕은 이 말을 듣고 자기 옷을 찢었다. 그의 속살에는 굵은 베를 입고 있었다. **"그의 머리를 갈대 같이 숙이고 굵은 베와 재를 펴는 것을 어찌 금식이라 하겠으며 여호와께 열납될 날이라 하겠느냐."**(사58:5) 그러나 여호람 왕은 하나님께 회개의 간구 대신 엘리사 선지자를 죽이기 위해 서둘러 그를 찾아 나섰다. **"이 재앙이 여호와께로부터 나왔으니 어찌 더 여호와를 기다리리요."**(왕하6:33)

하나님은 순종이 없는 예배나 기도를 결코 기뻐하지 않으신다. 하나님은 수많은 제물과 제사를 드리면서도 그들의 삶에 순종함이 없는 유다 백성들에게 선지자들을 통해 이렇게 탄식하셨다. **"그들이 금식할지라도 내가 그 부르짖음을 듣지 아니하겠고 번제와 소제를 드릴지라도 내가 그것을 받지 아니할 뿐 아니라 칼과 기근과 전염병으로 내가 그들을 멸하리라."**(렘14:12) **"만군의 여호와가 이르노라 너희가 내 제단 위에 헛되이 불사르지 못하게 하기 위하여 너희 중에 성전 문을 닫을 자가 있었으면 좋겠도다 내가 너희를 기뻐하지 아니하며 너희가 손으로 드리는 것을 받지 아니하리라."**(말1:10) 기도의 응답보다 우선되어야 할 일은 철저한 회개이다. 그리고 하나님이 받으시는 참된 회개는 우리의 죄를 위해 아들을 보내 주신 하나님의 사랑과, 피 흘리신 예수님의 보혈의 은혜를 전 인격으로 믿음으로 받아들이는 것이다. 하나님의 아들의 이 보혈의 댓가로 구원 받은 감격이 있는 사람은 결코 죄를 대수롭게 여기며 살아갈 수 없을 것이다. 그러므로 참된 회개 없는 기도의 응답은 우리의 삶을 하나님의 복된 인도하심은커녕, 오히려 하나님의 징계의 막대기 아래로 이끌어 갈 뿐임을 잊지 말자. 그리고 마지막 심판의 날, 우리의 행위대로 갚으시는 하나님의 엄중한 추궁이 기다리고 있음을 잊지 말자. 다음의 말씀을 항상 기억하자. **"외모로 보시지 않고 각 사람의 행위대로 심판하시는 이를 너희가 아버지라 부른즉 너희가 나그네로 있을 때를 두려움으로 지내라."**(벧전1:17)

02

하나님께 묻지 않은 아담

"여자가 그 나무를 본즉 먹음직도 하고 보암직도 하고 지혜롭게 할 만큼 탐스럽기도 한 나무인지라 여자가 그 열매를 따 먹고 자기와 함께 있는 남편에게도 주매 그도 먹은지라."(창3:6)

세상 사람들은 세 부류로 나눌 수 있다. 한 부류는 하나님께 묻지 않고 모든 일에 자신이 주인이 되어 사는 사람이고, 또 한 부류는 하나님께 묻기는 하되 자신의 지혜나 수단을 앞세우고 사는 사람이며, 마지막 한 부류는 모든 일을 하나님께 묻고 하나님의 지혜와 능력에 의지하여 사는 사람이다. 하나님은 마지막 부류의 사람을 가장 기뻐하시며 그의 길을 형통하게 인도하신다.

인류의 조상 아담은 하나님께로부터 천지 만물을 선물로 받아 누리며, 하나님의 사랑 안에서 영원한 안식과 기쁨 가운데 살 수 있었다. 단지 그에게는 하나님을 경외하며 하나님이 금하신 선악과를 따먹지 않는 조건만이 있었다. 하나님이 아담에게 선악과를 따먹지 말라고 말씀하신 것은 하와가 창조되기 전이었다.(창2:17) 사탄은 하와에게 교묘히 먼저 다가가, 하나님이 금하신 선악과를 따먹도록 그녀를 유혹하였다. 하나님의 말씀에 대한 확신이 아담에 비해 상대적으로 부족하였기 때문이다. 사탄의 유혹에 넘어간 하와는 먼저 선악과를 따먹고 그것을 아담에게도 주며 함께 먹기를 종용하였다.

만일 아담이 하나님의 말씀과 다른 말을 하와에게서 들었을 때, 곧장 하나님께 선악과를 "먹으리이까? 말리이까?"라고 물었다면 그는 불순종하지 않았을 것이고 더욱 확신에 찬 믿음으로 하나님의 충만한 사랑과 능력 안에서 살아갈 수 있었을 것이다. **"내 아들아 내 말에 주의하며 내가 말하는 것에 네 귀를 기울이라 그것을 네 눈에서 떠나게 하지 말며 네 마음속에 지키라 그것은 얻는 자에게 생명이 되며 그의 온 육체의 건강이 됨이니라."** (잠4:20~22) 어쨌든 우리는 하나님께 묻지 않은 불순종의 죄가 인류의 조상 아담을 넘어뜨린 사탄의 최초의 시험이었음을 알 수 있다. 그리고 아담의 피를 받은 우리 또한, 모든 일에 먼저 하나님의 뜻을 묻고 순종하기보다 자기 소견에 옳은 대로 행하는 것이 습관이 되어 버렸다.(삿21:25) **"그들은 아담처럼 언약을 어기고 거기에서 나를 반역하였느니라."**(호6:7)

하나님은 가나안 전쟁을 알지 못하는 이스라엘 백성들에게 그것을 가르쳐 알게 하시기 위해 여호수아 때에 가나안 원주민들을 모두 내쫓지 않으셨다.(삿3:2) 가나안 전쟁의 승패는 '여호와의 도를 지켜 행하나, 행하지 아니하나의 여부'에 달려 있었기 때문이다.(삿2:22) 오늘날 가나안은 우리의 마음이다. 우리의 마음에 하나님의 말씀을 담아 두고, 그 말씀대로 살아야 승리할 수 있다. **"내가 주께 범죄 하지 아니하려 하여 주의 말씀을 내 마음에 두었나이다."**(시119:11)

여호수아가 가나안 정복 전쟁을 수행할 때, 그는 하나님의 도우심으로 연이어 승리할 수 있었다. 하지만 그들이 내쫓지 못한 소수의 가나안 원주민들은 견고한 성읍에 들어가 여전히 가나안에 살고 있었다.(수10:20) 우리에게 이 말씀을 적용해 보자. 하나님의 자녀는 예수님의 승리로 이미 그의 마음에 가나안(천국)이 이루어졌다.(마12:28) 하지만 우리 마음에는 하나님의 말씀으로 정복되지 못한 아담의 견고한 죄성이 여전히 남아 있다. **"네 하나님 여호와께서 이 민족들을 네 앞에서 조금씩 쫓아내리니 너는 그들을 급히 멸하지 말라 들짐승이 번성하여 너를 해할까 하노라."**(신7:22) 이러한 죄성 중에 강력한 권세를 가진 것이 있다면 그것은 무엇일까? 하나님께 묻지 않고, 모든 일에 자신이 주인 되어 살고자 하는 우리의 교만과 탐욕이 아닐까? 하나님은 이 교만과 탐욕을 다스리시기 위해 광야와 같은 이 세상에서 우리를 연단하시고 우리를 하나님의 자녀답게 빚어 가신다. **"네 하나님 여호와께서 이 사십 년 동안에 네게 광야 길을 걷게 하신 것을 기억하라 이는 너를 낮추시며 너를 시험하사 네 마음이 어떠한지 그 명령을 지키는지 지키지 않는지 알려 하심이라."**(신8:2)

성경의 두 가지 예만 들기로 하자. 사사들이 치리하던 때에 그 땅에 흉년이 들었다. 엘리멜렉은 베들레헴에 거주하다 그의 아내와 두 아들을 데리고 모압 땅에 거류하려고 그곳으로 내려갔다. 그는 모압으로 이주하는 것이 하나님의 뜻인지를 먼저 하나님께 의논하지 않았다. 그 결과, 그는 모압에 거주한 지 얼마 되지 않아 죽고 만다. 그의 두 아들도 각각 모압 여자와 결혼하였지만, 자식도 없이 그곳에 거한 지 십 년쯤에 모두 죽고 만다. 모압으로 이주할 때 가지고 간 재산도 다 탕진한 뒤, 그의 아내 나오미는 두 자부 중 하나인 모압 여인 룻과 함께 빈손으로 베들레헴으로 돌아오게 된다.

북 이스라엘의 아하시야 왕도 그러하였다. 아하시야 왕은 사마리아에 있는 그의 다락 난간에서 떨어져 병이 들자, 그는 먼저 하나님께 이 고난의 상황을 의논하지 않았다. 그의 사자들을 에그론의 신 바알세붑에게 보내어 그의 병이 낫겠나 물어보라고 하였다. 이때 하나님의 사자가 엘리야 선지자에게 **"너는 일어나 올라가서 사마리아 왕의 사자를 만나 그에게 이르기를 이스라엘에 하나님이 없어서 너희가 에그론의 신 바알세붑에게 물으러 가느냐 그러므로 여호와의 말씀이 네가 올라간 침상에서 내려오지 못할지라 네가 반드시 죽으리라 하셨다 하라"**(왕하1:2~3)고 말하였다. 이 말씀대로 아하시야 왕은 그의 왕위를 이을 아들도 없이 죽고 만다.

성경은 하나님께 묻지 않는 것이야말로 우리의 삶의 모든 불행과 죽음의 씨앗임을 거듭 경계하고 있다. 이사야 선지자도 유다 백성들이 하나님께 묻지 않고 끊임없이 세상의 세력을 의지할 때, 그들의 불신앙에 대해 이렇게 경계하였다. **"그들이 바로의 세력 안에서 스스로 강하려 하며 애굽의 그늘에 피하려 하여 애굽으로 내려갔으되 나의 입에 묻지 아니하였도다 그러므로 바로의 세력이 너희의 수치가 되며 애굽의 그늘에 피함이 너희의 수욕이 될 것이라."**(사30:2~3)

복된 신앙생활의 지름길은 하나님의 말씀을 통해 그의 뜻을 알고, 전적으로 그의 뜻에 순종하는 삶이다. 우리는 매일의 삶 가운데 하나님의 말씀과 상반되는 어떤 사건이나 사람의 말에 직면할 때, 즉시 가던 길을 멈추고 하나님께 "하리이까? 말리이까?" 순종의 여부를 물어야 한다. 육신의 부모는 장성한 자녀가 어떤 일을 스스로 해결할 수 있을지라도, 그것을 부모에게 먼저 의논할 때 기쁨을 얻는다. 자녀로부터 부모로 인정받고 있다는 마음에서이다. 모든 영의 아버지이신 하나님도 우리가 그와 의논할 때 기뻐하신다. **"우리 하나님 여호와께서 우리가 그에게 기도할 때마다 우리에게 가까이 하심과 같이 그 신이 가까이 함을 얻은 큰 나라가 어디 있느냐."**(신 4:7)

삶의 여러 난제들 앞에서 선택의 갈림길에 놓일 때, 먼저 겸손히 하나님과 의논하며 그의 지혜와 뜻을 구하자. 진리 안에서 하나님이 주시는 참 자유를 누리며 살아가자. **"삼가 말씀에 주의하는 자는 좋은 것을 얻나니 여호와를 의지하는 자는 복이 있느니라."**(잠16:20) 하나님과 의논할 수 있는 그의 자녀로 부르신 하나님의 측량할 수 없는 크신 은혜를 결코 잊지 않도록 하자. **"아론 자손이 아닌 다른 사람은 여호와 앞에 분향하러 가까이 오지 못하게 함이며 또 고라와 그의 무리와 같이 되지 않게 하기 위함이라."**(민16:40)

03

놋 땅의 가인

“주께서 오늘 지면에서 나를 쫓아내시온즉 내가 주의 낯을 뵈옵지 못하리니 내가 땅에서 피하며 유리하는 자가 될지라 무릇 나를 만나는 자마다 나를 죽이겠나이다 여호와께서 그에게 이르시되 그렇지 아니하다 가인을 죽이는 자는 벌을 칠 배나 받으리라 하시고 가인에게 표를 주사 그를 만나는 모든 사람에게서 죽임을 면하게 하시니라.”(창4:14~15)

아담은 그의 범죄로 인해 에덴동산에서 쫓겨났다. 하지만 하나님은 그에게 하와가 낳을 자식을 통해 언젠가는 잃어버린 에덴동산을 회복해 주실 것을 약속하셨다. 아담이 하와와 동침한 뒤 그녀가 임신하여 아이를 낳자, 아담은 그의 이름을 ‘가인’(‘얻음’이란 의미)이라 불렀다. 아담은 이어서 둘째 아들을 얻었는데, 그의 이름을 ‘아벨’(‘허무’라는 의미)이라 하였다.

그들이 장성한 어느 날이었다. 하나님이 동생 아벨의 제물은 받으시나 그의 제물을 받지 않으시자, 가인은 몹시 분을 내며 아벨을 들로 유인하여 죽이고 만다. 하나님이 가인에게 찾아오셔서 **“네 아우 아벨이 어**

디 있느냐"(창4:9)고 물으셨다. 가인은 하나님께 **"내가 내 아우를 지키는 자니이까"**(창4:9)라고 대답하였다. 하나님은 가인에게 말씀하셨다. **"땅이 그 입을 벌려 네 손에서부터 네 아우의 피를 받았은즉 네가 땅에서 저주를 받으리니 네가 밭 갈아도 땅이 그 효력을 네게 주지 않을 것이요 너는 땅에서 피하며 유리하는 자가 되리라."**(창4:12) 가인은 하나님께 두려움과 고통을 호소하였다. **"주께서 오늘 이 지면에서 나를 쫓아내시온즉 내가 주의 낯을 뵈옵지 못하리니 내가 땅에서 피하며 유리하는 자가 될지라 무릇 나를 만나는 자마다 나를 죽이겠나이다."**(창4:14) 하나님은 가인에게 표를 주시며 그를 지켜 주실 것을 약속하셨다.

그 뒤 가인은 의논 한마디 없이 여호와 앞을 떠나 '놋 땅'에 거주하였다. 그곳에서 성을 쌓고, 그의 아들의 이름으로 성을 이름하여 '에녹'이라 하였다. 하나님은 이처럼 그의 동생을 쳐 죽인 가인에게도 먼저 찾아와 그의 죄를 용서하시고, 그에게 피할 길을 예비해 주셨다. 하지만 가인은 하나님 앞에 자신의 죄를 겸손히 고백하고, 하나님의 용서와 은혜의 품 안에 거하기를 즐거워하지 않았다. 오히려 하나님 앞을 떠나 '유리함의 땅'인 '놋 땅'을 기업으로 삼고는, 그곳에서 성을 쌓고 하나님을 거역하는 삶을 고집하였다. 본문의 '뵈옵지 못하리니'에 쓰인 '**סתר**'라는 단어는 수동형으로서 '숨겨지리니'라는 의미이다. 죄는 우리 스스로 하나님으로부터 숨겨진 존재로 인식하게 하여 하나님의 사랑에 왜곡된 마음을 품게 한다.

압살롬의 경우를 보자. 압살롬은 그의 여동생 다말이 이복형 암논에 의해 강간을 당하자, 이에 앙심을 품고 형을 죽이기를 계획한다. 그리하여 하루는 바알하솔에 그의 형들을 초청하여, 그 자리에서 암논을 죽이고 만다. 이 일로 인해, 그는 아버지 다윗을 두려워하여 그의 어머니의 고향인 그술 지방으로 도망을 간다. 가인처럼, 스스로의 마음에 아버지의 사랑을 의심하여 아버지 다윗의 품으로부터 먼 지방으로 도망하였다. **"내 백성이 끝끝내 내게서 물러가나니 비록 그들을 불러 위에 계신 이에게 돌아오라 할지라도 일어나는 자가 하나도 없도다."**(호11:7)

그러나 하나님은 어떤 분이신가? 범죄한 아담과 하와에게 먼저 찾아와 무화과 나뭇잎으로 만든 낡은 옷을 벗기시고, 가죽옷을 지어 입혀 그들의 죄의 부끄러움을 덮어주지 않으셨는가? 범죄한 가인에게도 먼저 찾아와 그와 대화하시고, 그에게 구원의 표를 주신 하나님이 아니신가? 마침내 하나님은 독생자 예수 그리스도의 보혈로 우리의 모든 죄의 수치와 심판을 덮어 주신 사랑의 아버지가 아니신가?(롬3:23~24)

하나님은 오늘도 가인 같은 죄인들에게 찾아와 그와 대화하기를 소원하신다. 놋 땅 같은 이 세상에서 피하며 유리하는 우리와 의논하시며, 하나님의 성 안에서 우리와 기쁨으로 교제하며 살기를 원하신다. **"우리가 일찍이 일어나서 포도원으로 가서 포도 움이 돋았는지 꽃술이 퍼졌는지 석류 꽃이 피었는지 보자 거기에서 내가 내 사랑을 네게 주리라."**(아7:12) **"볼지어다 내가 문 밖에 서서 두드리노니 누구든지 내 음성을 듣고 문을 열면 내가 그에게로 들어가 그와 더불어 먹고 그는 나와 더불어 먹으리라."**(계3:20) 우리가 범죄하였을 때, 하나님은 우리의 죄는 미워하시나 우리는 아들처럼 사랑하신다는 사실을 믿자. 우리의 발걸음을 그의 얼굴 앞으로 즉시 돌이키자. 겸손히 우리의 죄를 자복하고 하나님의 용서와 사랑 안에서 살아가자. **"오라 우리가 서로 변론하자 너희의 죄가 주홍 같을지라도 눈과 같이 희어질 것이요 진홍 같이 붉을지라도 양털 같이 희게 되리라."**(사1:18) **"자기의 죄를 숨기는 자는 형통하지 못하나 죄를 버리고 자복하는 자는 불쌍히 여김을 받으리라."**(잠28:13)

하나님은 지금도 놋 성에 거하는 가인 같은 우리들이 아버지의 도성으로 돌아오기를 애타게 기다리고 계신다. 때때로 우리의 마음이 불순종으로 인해 '놋 성'으로 향할 때, 다음의 말씀을 기억하고 우리의 발걸음을 하나님께로 돌이키자. **"에브라임이여 내가 어찌 너를 놓겠느냐 이스라엘이여 내가 어찌 너를 버리겠느냐 내가 어찌 너를 아드마 같이 놓겠느냐 어찌 너를 스보임 같이 두겠느냐 내 마음이 내 속에서 돌이키어 나의 긍휼이 온전히 불붙듯 하도다."**(호11:8) **"에브라임은 나의 사랑하는 아들 기뻐하는 자식이 아니냐 내가 그를 책망하여 말할 때마다 깊이 생각하노라 그러므로 그를 위하여 내 창자가 들끓으니 내가 반드시 그를 불쌍히 여기리라."**(렘31:20) 그리하여 하늘의 예루살렘 성 안에서 하나님의 품에 안겨 영생의 기쁨과 복을 누리며 살아가자. **"너희가 그 성읍의 젖을 빨 것이며 너희가 옆에 안기며 그 무릎에서 놀 것이라 어머니가 자식을 위로함 같이 내가 너희를 위로할 것인즉 너희가 예루살렘에서 위로를 받으리니 너희가 이를 보고 마음이 기뻐서 너희 뼈가 연한 풀의 무성함 같으리라."**(사66:12~14)

04

고난의 때일수록 하나님과 의논하라

"그 땅에 기근이 들었으므로 아브람이 애굽에 거류하려고 그리로 내려 갔으니 이는 그 땅에 기근이 심하였음이라."(창3:6)

고난은 죄로 잠 든 우리의 영혼을 깨워 생명의 하나님을 찾게 한다. 고난은 우리에게 하나님의 은혜와 능력 안에서 살아가는 '산 믿음'을 주시려는 하나님의 선물이다.

믿음의 조상 아브람은 그의 나이 칠십 오세에 하나님의 부르심을 받았다. 하나님의 말씀을 좇아 갈 바를 알지 못하고 믿음으로 그의 걸음을 옮겼다. 그는 마침내 하나님이 인도하신 가나안 땅에 들어와, 그곳에서 먼저 하나님께 제단을 쌓고 예배를 드렸다. 그러나 그 땅에 기근이 찾아오자, 아브람은 기근을 피해 애굽 땅에 거류하려고 그의 아내 사라와 함께 가나안을 떠나 애굽으로 내려가게 된다. 애굽에 이르렀을 때, 아브람은 큰 두려움에 빠져 아내 사래를 그의 누이라고 속인다. 그 결과 그의 아내 사래가 바로에게 빼앗길 뻔한 위기를 맞지만, 하나님이 개입하셔서 그들을 바로의 손에서 건져 주셨다. 그리고 그들은 바로 왕으로부터 많은 가축과 재물을 선물로 받고는 다시 가나안 땅으로 돌아오게 된다. 하나님은 우리의 연약한 믿음으로 인한 불순종에도 은혜 위에 은혜를 더하여 주시는 좋으신 아버지 하나님이시다.

만일 아브람이 가나안 땅에 기근이 닥쳤을 때 인내하며 그곳에 머물러 있었다면 어떻게 되었을까? 하나님께 먼저 애굽으로 내려가기 전에 "내려갈까요? 말까요?"라고 물어보았다면 어떻게 되었을까? 그리했더라면, 그는 아내 사래를 빼앗길 뻔한 위기와 두려움에 빠지지는 않았을 것이다. 누군가는 이렇게 생각할 수도 있을 것이다. '비록 아브람이 불순종하긴 했지만, 그가 애굽으로 내려간 일로 인해 많은 가축과 재물을 얻게 되고 하나님의 은혜와 능력을 몸소 체험하게 되었다'고 말이다. 하지만 그러한 생각은 우리의 바람직한 신앙의 태도가 아닐 것이다. 우리의 복된 삶은 숨겨진 하나님의 섭리를 바라기보다 매순간 하나님의 말씀을 따라 순종하는 삶에 있기 때문이다. **"감추어진 일은 우리 하나님 여호와께 속하였거니와 나타난 일은 영원히 우리와 우리 자손에게 속하였나니 이는 우리에게 이 율법의 모든 말씀을 행하게 하심이니라."**(신29:29)

아브람이 가나안 땅에 거주한 지 십 년쯤 되었을 때였다. 그는 하나님이 약속하신 자녀를 주시지 않자, 아내 사래의 말을 듣고는 애굽 여인 하갈을 취하여 '이스마엘'이라는 아들을 얻게 된다. 하나님은 그에게 약속의 자녀 이삭과는 달리 불순종의 열매인 이스마엘은 즉시 주셨다. 그런데 성경은 이스마엘을 이렇게 기록하고 있다. **"하갈이 아브람의 아들을 낳으매 아브람이 하갈이 낳은 그 아들을 이스마엘이라 하였더라."**(창16:15) 이스마엘은 '아브람의 아들'이긴 하였지만 '아브라함의 아들'은 아니었다.

이스마엘은 종의 여자 하갈이 낳은 '종의 자녀'이긴 하였지만 자유 있는 여자 사라가 낳은 '약속의 자녀'는 아니었기 때문이다.(갈4:22~23)

아브람은 이로 인해 겪지 않아도 될 많은 고난을 겪게 된다. 그는 두 아내 사이의 극심한 갈등을 날마다 목도해야만 하였다. 하갈의 아들 이스마엘과 그의 나이 백 세가 되어 얻은 약속의 자녀 이삭과의 갈등 또한 몸소 겪게 되었다. 결국에는 이스마엘과 하갈과의 이별의 아픔을 감당해야만 하였다. **"그러나 그때에 육체를 따라 난 자가 성령을 따라 난 자를 박해한 것 같이 이제도 그러하도다 그러나 성경이 무엇을 말하느냐 여종과 그 아들을 내쫓으라 여종의 아들이 자유 있는 여자의 아들과 더불어 유업을 얻지 못하리라 하였느니라."**(갈4:29~30) 우리는 이러한 아브람의 불순종에서, 하와의 말을 듣고 먼저 하나님과 의논하지도 않고 선악과를 따 먹은 아담의 모습을 엿볼 수 있다.

이스라엘 백성들이 거듭 하나님을 불순종한 이유는 무엇일까? 그것은 그들의 마음이 '하나님의 사랑'보다 '현재의 고난'에 있었기 때문이었다. 모세가 이스라엘 백성들을 구원하기 위해 바로에게 가서 하나님의 말씀을 전했지만, 이스라엘 백성들은 그럴수록 애굽인으로부터 더 큰 노역을 당하였다. 그러자, 그들은 마음이 상하여 하나님과 모세를 원망하였다. 이때 '마음의 상함'(출6:9)이라고 번역된 말은 '마음의 짧음'(קצר)이라는 의미이다. 인내는 하나님의 선하심을 믿는 우리의 마음의 길이에 달려 있다. 인내는 선하신 하나님의 은혜의 그늘 아래에서 잠잠히 머무는 삶이기 때문이다('인내'라는 단어는 'ύπομενω'인데 이는 '아래에서 머물다'라는 의미) 하나님은 노아 시대의 인류를 홍수로 멸하시기 전에 백이십 년의 세월을 기다리셨다.(창6:3) 가나안 일곱 족속을 심판하시기 전에 사백 년의 세월을 인내하셨다.(창15:16) 삼백오십 년 동안 사사 시대의 이스라엘 백성들의 불순종을 거듭 인내하시며 징계하시기를 반복하셨다.(삿2:18~19) **"여호와께서 사사들을 세우사 노략자의 손에서 그들을 구원하게 하셨으나 …… 그 사사가 죽은 후에는 그들이 돌이켜 그들의 조상들보다 더욱 타락하여 다른 신들을 따라 섬기며."**(삿2:16, 19)

하나님의 인내를 온전히 이루자. 그는 가장 자비하시고 우리를 긍휼히 여기시는 하나님이시다. **"인내를 온전히 이루라 이는 너희로 온전하고 구비하여 조금도 부족함이 없게 하려 함이니라."**(약1:4) **"보라 인내하는 자를 우리가 복되다 하나니 너희가 욥의 인내를 들었고 주께서 주신 결말을 보았거니와 주는 가장 자비하시고 긍휼히 여기는 이시니라."**(약5:11) 인내의 고난이 불순종으로 인한 고난보다 낫다. 고난의 때일수록 환경이나 자신을 바라보지 말고 "하리이까? 말리이까?" 하나님을 전적으로 신뢰하며, 고난을 통해 우리를 온전케 하시는 하나님의 손 안에서 평강을 누리기로 결단하자. **"모든 은혜의 하나님 곧 그리스도 안에서 너희를 부르사 자기의 영원한 영광에 들어가게 하신 이가 잠깐 고난을 당한 너희를 친히 온전하게 하시며 굳건하게 하시며 강하게 하시며 터를 견고하게 하시리라."**(벧전5:10)

우리가 이 세상에서 잠시 당하는 작은 고난은 우리에게 영원한 영광의 큰 것을 이루게 하시는 하나님의 선물임을 잊지 말자. **"우리가 잠시 받는 환난의 경한 것이 지극히 크고 영원한 영광의 중한 것을 우리에게 이루게 함이니 우리가 주목하는 것은 보이는 것이 아니요 보이지 않는 것이니 보이는 것은 잠깐이요 보이지 않는 것은 영원함이라."**(고후4:16~17)

05

혈기는 하나님의 보좌 찬탈의 죄

"모세와 아론이 회중을 그 반석 앞에 모으고 모세가 그들에게 이르되 반역한 너희여 들으라 우리가 너희를 위하여 이 반석에서 물을 내랴 하고 모세가 그의 손을 들어 그의 지팡이로 반석을 두 번 치니 물이 많이 솟아 나오므로 회중과 그들의 짐승이 마시니라."(민20:10~11)

어린 시절 동네에 있는 대장간을 지날 때였다. 한 건장한 대장장이가 연신 구슬땀을 흘리며 일하는 모습을 본 적이 있다. 대장장이는 시뻘겋게 달구어진 쇳덩이를 화로에서 끄집어내어, 그것을 해머로 힘차게 두들기다가는 급히 차가운 물 항아리에 집어넣었다. 이렇게 화로에 집어넣었다 끄집어내어 두들기기를 여러 번 반복하다 보면, 마침내 날카로운 낫이나 호미가 만들어졌다. 화로에서 벌겋게 달아오른 쇳덩이는 해머에 맞고 차가운 물에 식어지기를 반복해야 장인의 손에 들려 쓰임받는 도구가 될 수 있다.

우리의 혈기는 화로에서 벌겋게 달구어진 쇳덩이와도 같다. 혈기는 아프고 차가운 고난의 매와 고난의 물을 거쳐야만 변화될 수 있는 우리 영혼의 아킬레스 건이다. 영혼의 제련사이신 하나님의 연단을 받아 그의 혈기가 다스려진 영혼만이 하나님의 도구로 쓰임 받을 수 있다. **"내 혼아 그들의 모의에 상관하지 말지어다 내 영광아 그들의 집회에 참여하지 말지어다 그들이 그들의 분노대로 사람을 죽이고 그들의 혈기대로 소의 발목 힘줄을 끊었음이로다 그 노여움이 혹독하니 저주를 받을 것이요 분기가 맹렬하니 저주를 받을 것이라 내가 그들을 야곱 중에서 나누며 이스라엘 중에서 흩으리로다."**(창49:6~7)

이스라엘 백성들이 므리바에 다다랐을 무렵이었다. 물이 없어 목이 마르자, 이스라엘 백성들은 **"우리 형제들이 여호와 앞에서 죽을 때에 우리도 죽었더라면 더 좋을 뻔하였도다"**(민20:3)라며 모세를 원망하였다. 하나님은 모세에게 **"지팡이를 가지고 네 형 아론과 함께 회중을 모으고 그들의 목전에서 너희는 반석에게 명령하여 물을 내라 하라"**(민20:8)고 말씀하셨다. 하지만 모세는 백성들에게 **"반역한 너희여 들으라 우리가 너희를 위하여 이 반석에서 물을 내랴"**(민20:10) 하고는 그가 들고 있던 지팡이로 반석을 두 번이나 내려쳤다. 그러자 반석에서 물이 흘러나와 백성들과 짐승들이 물을 마실 수 있었다. **"광야에서 반석을 쪼개시고 매우 깊은 곳에서 나오는 물처럼 흡족하게 마시게 하셨으며 또 바위에서 시내를 내사 물이 강 같이 흐르게 하셨으나 그들은 계속해서 하나님께 범죄하여 메마른 땅에서 지존자를 배반하였도다."**(시78:15~17) 하나님은 이를 보시고 모세와 아론을 불러 **"너희가 나를 믿지 아니하고 이스라엘 자손의 목전에서 나의 거룩함을 나타내지 아니한 고로 너희는 이 회중을 내가 그들에게 준 땅으로 인도하여 들이지 못하리라"**(민20:12)고 말씀하셨다. 사십 년 광야 생활이 끝날 무렵, 모세는 이

말씀대로 가나안 땅을 멀리서 바라보기는 하였으나 그곳으로 들어가지는 못하였다.(신34:4~5)

모세의 말을 다시 들어보자. "우리가 이 반석에서 물을 내랴." 모세는 그동안 끊임없이 반역하는 이스라엘 백성들의 불평과 원망에도 잠잠히 하나님만을 앙망하며, 매사를 먼저 하나님과 의논한 믿음의 사람이었다. 하지만 그는 므리바에서 불평하는 백성들을 끝까지 용납하지 못하고 결국 혈기를 부리고 말았다. "반석을 명하여 물을 내라"는 하나님의 말씀을 어기고 반석을 내려친 것이다. 하나님은 모세의 범죄에도 불구하고 반석에서 물을 내어 이스라엘 백성들과 짐승들이 흡족하게 마시게 하셨다. 하지만 모세가 이 말을 할 때, 그는 이미 하나님의 종의 자리에서 떠나고 말았다. 스스로 하나님의 보좌에 올라앉은 엄청난 불순종의 죄를 지은 것이다.

유다 왕 웃시야는 하나님의 묵시를 밝히 아는 스가랴가 사는 동안에는 하나님을 온전히 찾았다. 그리하여 웃시야가 다스리는 유다는 강성한 나라가 되었다. 나라가 강성하여지자, 그는 교만하여 율법을 어기고 여호와의 성전에 들어가 분향하려고 하였다. 이때 제사장 아샤라가 급히 그를 만류하였다. 하나님께 분향하는 것은 아론의 자손 제사장만이 할 수 있는 일이었기 때문이다. 하지만 웃시야는 그의 손으로 향로를 잡고 분향하려 하다가 만류하는 제사장 아사랴에게 화를 내었다. 이때 그의 이마에 문둥병이 들고 말았다. **"급한 마음으로 노를 발하지 말라 노는 우매한 자들의 품에 머무름이니라."**(전7:9) 이 일로 인해, 그는 왕위를 그의 아들 요담에게 맡기고, 문둥병으로 고통하며 여호와의 전에서 끊어져 별궁에서 살다가 죽고 말았다.

모세가 혈기를 부림으로 가나안 땅에 들어갈 수 없었던 것처럼, 우리 또한 혈기를 부리는 순간 더 이상 천국의 복된 은혜 안에서 살아갈 수 없게 된다. 웃시야 왕이 혈기를 부림으로 하나님의 전에서 끊어져 별궁에 거한 것처럼, 우리 또한 하나님의 전에서 모든 일을 하나님과 의논하는 하나님과의 신령한 영적 교제의 복을 더 이상 누릴 수 없게 된다. 혈기는 오직 뜨거운 유황불처럼, 죄의 육정만이 지배하는 소돔 땅 같은 삶의 처소로 우리를 끌어들일 뿐이기 때문이다. **"이와 같이 혀도 작은 지체로되 큰 것을 자랑하도다 보라 얼마나 작은 불이 얼마나 많은 나무를 태우는가 혀는 곧 불이요 불의의 세계라 혀는 우리 지체 중에서 온 몸을 더럽히고 삶의 수레바퀴를 불사르나니 그 사르는 것이 지옥 불에서 나느니라."**(약3:5~6)

혈기는 하나님과 의논하는 복된 삶을 근원에서부터 막아버린다. 하나님이 혈기에 대해 거듭거듭 우리를 경계하시는 이유도 여기에 있다. **"내 사랑하는 형제들아 너희가 알지니 사람마다 듣기는 속히 하고 말하기는 더디 하며 성내기도 더디 하라 사람이 성 내는 것이 하나님의 의를 이루지 못함이라 그러므로 모든 더러운 것과 넘치는 악을 내버리고 너희 영혼을 구원할 바 마음에 심어진 말씀을 온유함으로 받으라."**(약1:19~21) **"너는 하나님 앞에서 함부로 입을 열지 말며 급한 마음으로 말을 내지 말라 하나님은 하늘에 계시고 너는 땅에 있음이니라 그런즉 마땅히 말을 적게 할 것이라."**(전5:2)

06

승리한 뒤 더욱 주님과 의논하라

"백성을 다 올라가게 말고 이삼천 명만 올라가서 아이를 치게 하소서 그들은 소수이니 모든 백성을 그리로 보내어 수고롭게 하지 마소서."(수7:3)

이스라엘 백성들은 하나님의 도우심으로 요단 강을 건넌 뒤 여리고 성 앞에 있는 길갈에 도착하였다. 그들은 그곳에서 광야에서 태어나 미처 할례를 받지 못한 백성들에게 할례를 행하였다. 그 뒤 하나님의 사자가 칼을 빼어 들고 여호수아에게 나타나셨다. '여리고 성과의 전쟁은 하나님 자신의 전쟁임'을 알게 하시고, 구체적으로 승리의 방법까지 그에게 말씀하셨다. 이스라엘 백성들이 침묵하며 언약궤를 맨 제사장을 따라 여리고 성을 하루 한 바퀴씩 돌고 마지막 일곱째 날에는 일곱 바퀴를 도는 것이었다. 그리고 일곱째 날 제사장의 나팔 소리가 들릴 때에 백성들이 큰 소리로 외쳐 부르면 성이 무너져 내리리라는 것이었다. 이에 이스라엘 백성들은 하나님의 도우심으로 난공불락의 여리고 성을 쉽게 무너뜨리고 승리할 수 있었다.

여리고 성을 점령한 뒤 여호수아는 벧엘 동쪽 벧아웬 곁에 있는 아이로 다시 정탐꾼들을 보냈다. 정탐꾼들이 돌아와 여호수아에게 이렇게 보고하였다. **"백성을 다 올라가게 말고 이삼천 명만 올라가서 아이를 치게 하소서 그들은 소수니 모든 백성을 그리로 보내어 수고롭게 마소서."**(수7:3) 여호수아는 이 말을 들고는 하나님께 묻지도 않고 정탐꾼들의 말대로 삼천 명의 소수의 군사들을 보냈다. 이스라엘 군사들은 아이에게 패하여 그들 중 삼십육 명가량이 죽임을 당하고 패주하게 된다. 이스라엘 백성들은 이 상황을 목도하고는 그들의 마음이 녹아 물 같이 되었다. 여호수아는 그의 옷을 찢고, 하나님의 궤 앞에서 땅에 엎드려 머리에 티끌을 뒤집어 쓴 채 하나님께 통회의 간구를 드렸다. 하나님은 여호수아에게 아간의 범죄로 그들이 아이에 패하게 되었음을 알려 주셨다. 아간이 여리고 성의 모든 것을 진멸하라는 하나님의 말씀을 어기고 시날산 외투 한 벌과, 은 이백 세겔과, 오십 세겔 금덩이를 훔쳐 자신의 장막에 감추어 두었기 때문이다.

이스라엘 백성들의 패배는 이처럼 아간의 범죄가 그 첫 번째 원인임은 분명하다. 하지만 또 다른 중요한 원인은 여리고 성을 무너뜨린 승리에 도취하여 아이 성을 얕본 그들의 교만 때문일 것이다. 만일 여호수아가 아이 성을 공격하기 전에, 전쟁은 여호와께 속한 것임을 알고 먼저 겸손히 하나님과 기도로 의논하였다면 그 결과는 어떠하였을까? 아무리 아이 성이 그들 보기에 무시할 수밖에 없는 작은 성일지라도 말이다. 물론 이 사건의 정황상 그렇게 했더라도 하나님은 아간의 범죄로 인해 이스라엘 백성들을 징계하셨을 것이다. 하지만 여호수아가 먼저 하나님과 의논했더라면, 하나님은 그에게 아간의 범죄를 미리 알리시고 그 문제를 처리하게 하셨을 것이다.

큰 승리든, 작은 승리든 승리한 뒤에 하나님을 더욱 의지하자. 우리의 생각과 지혜를 내려놓고 모든 일을 하나님과 의논하는 겸비의 마음을 가지자. 그리할 때 우리는 우리 인생에 찾아오는 불행을 미리 막고 승리의 삶을 살아갈 수 있을 것이다. 다음의 말씀을 항상 기억하자. **"겸손한 자와 함께 하며 마음을 낮추는 것이 교만한 자와 함께 하여 탈취물을 나누는 것보다 나으니라."**(잠16:19)

07
작은 함정

"무리가 그들의 양식을 취하고는 어떻게 할지를 여호와께 묻지 아니하고 여호수아가 곧 그들과 화친하여 그들을 살리리라는 조약을 맺고 회중 족장들이 그들에게 맹세하였더라."(수9:14~15)

이스라엘 백성들이 여리고와 아이 성 전투에서 큰 승리를 거두자, 기브온 주민들은 그 소식을 듣고 크게 두려워하였다. 그들은 먼 곳에서 온 것처럼 꾀를 내어 헤어진 전대와 가죽 포도주 부대를 나귀에 싣고, 발에는 낡아서 기운 신을 신고, 낡은 옷을 입고, 다 마르고 곰팡이가 난 떡을 준비하고는 여호수아와 이스라엘 백성들에게로 왔다. 자신들은 먼 나라에서 온 사신이니 서로 조약을 맺자는 속임수였다.

이때 여호수아와 이스라엘 백성들은 기브온 족속의 양식을 취하고는, 하나님께 이 일을 어떻게 해야 할지를 묻지 않았다. 곧장 기브온 사신들과 화친하여 그들을 살리리라는 조약을 맺고, 회중 족장들도 그들에게 맹세를 하였다. 그러나 그들과 조약을 맺은 지 사흘이 지났을 때, 이스라엘 백성들은 그들이 이웃에서 자기들 가운데 거하는 기브온 족속임을 알게 되었다. 백성들은 성급하게 그들과 조약을 맺고 맹세한 족장들을 원망하였다. 하지만 하나님께 맹세하였기에 그들을 죽이지 않고, 그들로 하여금 대대로 종이 되어 여호와의 집에서 물을 길으며 나무를 패는 자가 되도록 허락하였다.

하나님은 기브온 족속이 그들의 멸망을 두려워하여 여호수아에게 나왔지만, 그 기브온 족속에게 구원의 은혜를 베푸셨다. 하지만 수9:7에 보면 이스라엘 백성들이 기브온 족속에게 "너희가 우리 가운데 거주하는 듯하니 우리가 어떻게 너희와 조약을 맺을 수 있으랴"라고 말하는 내용이 나온다. 만일 이때 여호수아와 족장들이 기브온 사신들과 조약을 맺기 전에, 먼저 하나님께 의논하였다면 어떻게 되었을까? 하나님은 분명히 여호수아에게 이렇게 말씀하셨을 것이다. '기브온 족속이 죽을 것을 두려워하여 나를 속이고 왔으나, 멸망 직전에라도 나의 긍휼을 구하며 찾아왔으니 그들을 살려 주거라. 나 여호와는 중심을 보는 하나님이니라.'

우리는 이 사건을 통해서도 다시 한 번 모든 일을 하나님과 의논하는 믿음의 삶이 얼마나 복이 되는지를 배울 수 있다. 우리가 부딪치는 매일의 상황 가운데에서 작은 의심의 요소가 있을 때에는 반드시 먼저 "하리이까? 말리이까?" 하나님께 묻기로 하자. 그 일이 비록 우리 생각에 번거롭게 여겨질지라도, 그것이야말로 우리의 삶이 피난처 되시는 하나님 안에 거하는 지름길이 되기 때문이다. **"백성들아 시시로 그를 의지하고 그의 앞에 마음을 토하라 하나님은 우리의 피난처시로다."**(시62:8)

기드온의 경우를 보자. 사사 기드온은 하나님의 도우심으로 미디안과의 전쟁에서 큰 승리를 거둔다. 이스라엘 백성들은 기드온에게 **"당신이 우리를 미디안의 손에서 구원하셨으니 당신과 당신의 아들과 당신의 손자가 우리를 다스리소서"**(삿8:22)라고 요청하였다. 기드온은 이 말을 듣고 **"내가 너희를 다스리지 아니하겠고 나의 아들도 너희를 다스리지 아니할 것이요 여호와께서 너희를 다스리시리라"**(삿8:23)고 그들에게 대답하였다. 이어서 기드온은 백성들에게 **"내가 너희에게 요청할 일이 있으니 너희는 각기 탈취한 귀고리를 내게 줄지니라."**(삿8:24) 그것으로 에봇 하나를 만들어 자기의 성읍 오브라에 두었다. 하지만 이스라엘 백성들이 그 에봇을 음란하게 섬기므로 그것이 기드온과 그의 집에 올무가 되고 말았다. 그런데, 이런 기드온의 불순종은 작은 함정으로부터 시작되었다. 기드온이 포로로 잡은 미디안의 두 방백 세바와 살문나를 죽일 때 그들의 낙타 목에 있는 초승달 장식을 떼어 가지는 일이 그것이었다.(삿8:21) **"악은 어떤 모양이라도 버리라."**(살전5:22)

또한 삼손의 경우를 보자. 그는 처음에는 성령의 감동으로 딤나에 사는 블레셋 여인을 그의 아내로 삼고 수수께끼를 통해 그곳 블레셋 사람들을 징벌하였다. 이 일 후에, 그는 다시 가사에 내려가 그곳에 있는 기생과 함께 지내게 된다. 이때에도 삼손은 그를 죽이려는 블레셋 사람들을 피해 밤중에 일어나 성 문짝들과 두 문설주와 문빗장을 빼어 그의 어깨에 매고 헤브론 앞산 꼭대기로 올라갔다. 하지만 이 후 소렉 골짜기의 들릴라라는 여인과의 사랑은 결국 그를 죽음으로 몰아가고 말았다. 성령으로 시작한 하나님의 일을 거룩한 순종으로 지키지 못한 결과, 결국 삼손은 육신의 죽음의 열매를 거두게 된 것이다. 성령으로 시작한 여인과의 사랑이 육신의 정욕을 위한 일이 되도록 허용한 작은 함정, 곧 들릴라의 무릎의 잠이 그를 육신의 죽음으로 몰아가고 만 것이다. **"너희가 이같이 어리석으냐 성령으로 시작하였다가 이제는 육체로 마치겠느냐."**(갈3:3) **"자기의 육체를 위하여 심는 자는 육체로부터 썩어질 것을 거두고 성령을 위하여 심는 자는 성령으로부터 영생을 거두리라."**(갈6:8)

다윗이 밧세바를 간음한 경우도 그러하였다. 다윗은 왕들이 출전할 때에 요압과 이스라엘 군사들을 전장에 보낸 뒤, 그는 예루살렘에 그대로 머물러 있었다. 다윗은 저녁 때에 침상에서 일어나 왕궁 옥상에서 거닐다가 우연히 목욕하는 밧세바의 아름다움을 보고 그녀를 욕보이고 만다. 밧세바는 그의 모사 아히도벨의 손녀요, 충성스러운 그의 장군 엘리암의 딸이기도 하였다.(삼하23:34). 다윗의 이러한 불순종도 전장에 있어야 할 그의 영혼이 침상에 누워 있었던 작은 함정으로부터 시작되었다. **"만물의 마지막이 가까이 왔으니 그러므로 너희는 정신을 차리고 근신하여 기도하라."**(벧전4:7)

의심에는 '믿음의 의심'과 '불신앙의 의심'이 있다. 자신의 손가락을 예수님의 그 못자국에 넣으며, 자신의 손을 예수님의 그 옆구리에 넣어 보고서야 예수님의 부활을 믿은 도마는 '불신앙의 의심'을 했다.(요20:27) 우리는 간절한 마음으로 하나님의 말씀을 받고, 이것이 그러한가 하여 날마다 성경을 상고한 베뢰아 성도들처럼 '믿음의 의심'으로 깨어 있자.(행17:11) 우리의 믿음의 포도원을 허는 작은 여우를 잡고, 우리의 믿음의 포도원에 아름답고 풍성한 영생의 꽃을 피우자.(아2:15)

나아가 하나님의 말씀과 기도로 항상 깨어 있어 불순종의 작은 함정을 분별하고 믿음으로 승리하자. 노아가 방주의 안팎을 역청으로 칠하였듯, 믿음의 방주요 에덴동산인 우리의 마음의 안팎을 성령의 검인 하나님의 말씀으로 굳게 지키도록 하자.(갈6:14) 에덴동산을 두루 돌며 생명나무의 길을 지킨 불 칼은 죄를 불태우는 성령의 검, 곧 하나님의 말씀이었다. **"너는 고페르 나무로 너를 위하여 방주를 만들되 그 안에 칸들을 막고 역청을 그 안팎에 칠하라."**(창6:14) **"이같이 하나님이 그 사람을 쫓아내시고 에덴동산 동쪽에 그룹들과 두루 도는 불 칼을 두어 생명나무의 길을 지키게 하시니라."**(창3:24) 하나님은 오늘도 살아 계신 그의 말씀으로 우리와 의논하시며 우리를 의의 길로 인도하신다. **"나의 발걸음을 주의 말씀에 굳게 세우시고 어떤 죄악도 나를 주관하지 못하게 하소서."**(시119:133)

08

내 생각을 내려놓으라

"다윗이 그 마음에 생각하기를 내가 후일에는 사울의 손에 붙잡히리니 블레셋 사람들의 땅으로 피하여 들어가는 것이 좋으리로다 …… 다윗이 가드에 도망한 것을 어떤 사람이 사울에게 전하매 사울이 다시는 그를 수색하지 아니하니라."(삼상27:1~4)

사람의 사람됨은 그 사람이 어떤 생각을 품고 있고, 그 품은 생각을 어떻게 행하며 사는가에 달려 있을 것이다. 예수님을 믿지 않는 사람들은 비록 그의 마음에 선한 생각을 품고 그것을 이루기 위해 살아간다 할지라도, 영원한 생명의 하나님에 대한 생각을 잃어버렸기에 불행한 사람이다. 이런 면에서, 예수님을 믿어 하나님을 경외하는 사람은 복 있는 사람이다. 하지만 아무리 하나님을 경외하는 사람일지라도, 인생의 순간순간 내 생각을 내려놓고 하나님의 생각을 따라 사는 것은 그리 쉬운 일은 아니다. 감당할 수 없는 고난이나 위기가 닥쳤을 때 특히 그러하다.(고후1:8~9)

다윗이 사울 왕에게 쫓겨 다닐 때였다. 다윗은 자기 손으로 사울 왕을 죽일 기회가 여러 번 있었다. 하지만 다윗은 하나님의 기름 부음 받은 자를 자기 손으로 죽일 수 없다며 여러 번 그를 살려 주었다. 사울 왕은 이에 아랑곳하지 않고 끊임없이 다윗을 죽이려 하였다. 다윗은 사울의 손에 붙잡혀 죽을 것을 두려워하여, 그의 마음에 블레셋 땅으로 피하여 들어가는 것이 상책이라 생각하고는 이를 실행에 옮기게 된다. **"자기의 마음을 제어하지 아니하는 자는 성읍이 무너지고 성벽이 없는 것과 같으니라."** (잠25:28) 블레셋 왕 아기스는 자기 나라로 망명해 온 다윗에게 시글락을 거주지로 주었다. 다윗은 그와 함께 있는 사람들과 그곳에서 일 년 사 개월 동안 머물게 된다.

그즈음, 블레셋 사람들이 이스라엘과 싸우려고 군대를 모집하였다. 다윗은 블레셋과 합세하여 동족 이스라엘과 싸울 수밖에 없는 진퇴양난의 위기에 몰리게 된다. 때마침 블레셋 장군들의 반대에 부딪쳐, 다윗은 전쟁에 나가지 못하고 그가 거주하던 시글락으로 돌아오게 된다. 다윗과 그의 군사들이 사흘 만에 시글락에 돌아와 보니 아말렉 사람들이 그 틈을 타 시글락을 쳐서 성읍을 불사르고, 그들의 아내와 자녀들을 모두 포로로 잡아간 뒤였다.

다윗과 그와 함께 한 사람들은 울 기력이 없도록 소리를 높혀 울었다. 다윗은 이러한 군급한 상황에서도 하나님께 기도하며 하나님의 도우심을 받을 수 있었다. 그는 모든 사로잡힌 가족들을 아말렉의 손에서 되찾았고, 양 떼와 소 떼 또한 모두 되찾아올 수 있었다. 하지만 다윗이 아무리 그의 생각에 사울 왕에 의해 죽을 수밖에 없는 위기가 온다 할지라도, 하나님께 기도로 의논하며 유다 땅에 머물러 있었다면 이런 어려움은 겪지 않았을 것이다. 그가 당한 어려움은, 그의 생명이 하나님과 함께 생명 싸개 속에 싸여 있음을 믿지 못한 그의 불신앙 때문이었다.(삼상25:29)

북 이스라엘 여로보암 왕도 그러하였다. 여로보암은 이스라엘 백성들이 하나님께 제사하러 유다로 내려가자, 그의 왕국이 어려움에 빠질 것을 염려하여 단과 벧엘에 금송아지 우상을 만들고 백성들이 그곳에서 제사하게 하였다.(왕상12:27~29) 그는 또 산당을 만들고, 레위 자손이 아닌 보통 백성들을 제사장으로 삼고, 여덟째 달 열다섯째 날로 절기를 정하여 백성들이 제사하게 하였다.(왕상12:32) **"그들은 죄악을 꾸미며 이르기를 우리가 묘책을 찾았다 하나니 각 사람의 속뜻과 마음이 깊도다."**(시64:6) 만일 여로보암이 이런 상황을 보고 먼저 하나님께 기도로 의논하였다면 어떻게 되었을까? 하나님은 여로보암에게 한 곳을 정하여 주고, 그곳에 새로운 제단을 만들어 그를 제사하도록 허락하셨을 것이다. 하나님은 수많은 제물과 제사보다 순종하는 마음을 더 기뻐하시기 때문이다.(삼상15:22) 여로보암은 이 일로 큰 고통을 겪게 되고, 결국 북 이스라엘은 B.C722년 앗수르 제국에 의해 멸망하고 만다. **"헛된 제물을 다시 가져오지 말라 분향은 내가 가증히 여기는 바요 월삭과 안식일과 대회로 모이는 것도 그러하니 성회와 아울러 악을 행하는 것을 내가 견디지 못하겠노라."**(사1:13) **"시바에서 유향과 먼 곳에서 향품을 내게로 가져옴은 어찌함이냐 나는 그들의 번제를 받지 아니하며 그들의 희생제물을 달게 여기지 않노라."**(렘6:20)

이스라엘 백성들이 애굽에서 나온 다음 해 첫째 달이었다. 그들이 시내 광야에서 유월절을 지킬 때였다. 그때에 사람의 시체로 인해 부정하게 되어 유월절을 지킬 수 없는 사람들이 있었다. 그들은 모세와 아론에게 나아와 자기들도 유월절을 지킬 수 있게 해 달라고 요청하였다. 하나님은 모세에게 '그들이 둘째 달 열넷째 날 해 질 때에 유월절을 지키게 하라'고 명령하셨다.(민9:10~11) 하나님은 장소와 일시의 문제보다, 그를 순종하고자 하는 그들의 마음의 의도를 기뻐하셨기 때문이다.(대하30:23)

나아만의 경우를 보자. 나아만은 자기 집에 잡혀온 이스라엘 여종의 말을 듣고는, 그의 문둥병을 고침 받기 위해 많은 예물을 노새에 싣고 엘리사의 하나님을 찾아갔다. 나아만이 그의 종들과 병거들을 거느리고 엘리사의 집 문에 이르렀을 때였다. 엘리사는 하인을 보내어 나아만에게 말하였다. **"요단 강에 몸을 일곱 번 씻으라 네 살이 회복되어 깨끗하리라."**(왕하5:10) 나아만은 이 말을 듣고 화를 내며 아람으로 돌아가려 하였다. **"내 생각에는 그가 내게로 나와 서서 그의 하나님 여호와의 이름을 부르고 그의 손을 그 부위에 흔들어 나병을 고칠까 하였도다 다메섹 강 아바나와 바르발은 이스라엘 모든 강물보다 낫지 아니하냐 내가 거기서 몸을 씻으면 깨끗하게 되지 아니하랴."**(왕하5:11~12) 만일 나아만이 그의 충성스러운 종의 권면을 듣고 요단 강에 몸을 씻지 않았다면, 그는 평생을 문둥병자로 지내는 불행한 삶을 살았을 것이다.

또 한 예로 롯의 경우를 보자. 롯과 그의 가족은 천사들의 지시에 따라 소돔과 고모라 땅이 유황불로 멸망하기 직전에 가까스로 구원을 받게 된다. 동틀 때에 천사들이 롯과 그의 가족들을 밖으로 이끌어낸 뒤 그들에게 말하였다. **"도망하여 생명을 보존하라 돌아보거나 들에 머무르지**

말고 산으로 도망하여 멸망함을 면하라."(창19:17) 하지만 롯은 두려운 마음에 천사에게 이렇게 간청하였다. **"주께서 큰 인자를 내게 베푸사 내 생명을 구원하시오나 내가 도망하여 산에까지 갈 수 없나이다 두렵건대 재앙을 만나 죽을까 하나이다 보소서 저 성읍은 도망하기에 가깝고 작기도 하오니 나를 그곳으로 도망하게 하소서."**(창19:19~20) 천사는 롯의 이 간청도 들어 주었다. **"그리로 속히 도망하라 네가 거기 이르기까지는 내가 아무 일도 행할 수 없노라."**(창19:22) 롯과 그의 두 딸은 작은 성읍 소알로 도피하여 구원을 받긴 했지만, 인근의 소돔과 고모라가 멸망할 때 큰 두려움에 빠졌다. 그리하여 그들은 소돔과 고모라가 멸망한 뒤 소알에서 나와 산(원문에는 '그 산'–천사가 처음 도망가라고 한 산)으로 올라가 굴을 파고 그곳에 거주하였다. 그리고 롯은 술에 취해, 그곳에서 두 딸과 동침하여 '모압'과 '벤암미'라는 두 아들을 낳게 된다.

롯이 소알로 가지 아니하고 천사가 처음 지시한 산으로 도망갔다면, 그와 그의 두 딸의 삶은 어떻게 되었을까? 아마 롯은 그가 소알 성에 피하여 있을 때보다는 훨씬 두려움이 적었을 것이다. '그 산'(ההר)은 소알 성에 비해 소돔과 고모라로부터 더 먼 거리에 있었기 때문이다. 그리했더라면, 롯은 소돔과 고모라가 멸망한 뒤에 도망한 '그 산'(ההר)에서 내려와 소알 성읍에 거주하며 살았을 것이다. 그의 두 딸과의 불행한 동침도 일어나지 않았을 것이다.

"대저 그 마음의 생각이 어떠하면 그 위인도 그러한즉."(잠23:7) **"모든 지킬 만한 것 중에 더욱 네 마음을 지키라 생명의 근원이 이에서 남이니라."**(잠4:23) 생각은 우리의 인격의 좌소이다. 구원의 새 생명은 우리의 생각의 변화에서 시작된다. 내 생각을 따르는 길은 처음에는 그것이 넓은 길처럼 보이지만, 그 마지막은 고통이요 죽음이 기다리는 좁은 길일 뿐이다. 하나님의 생각은 우리의 생각보다 높으시다는 사실을 결코 잊지 말자. **"내 생각이 너희의 생각과 다르며 내 길은 너희의 길과 다름이니라 여호와의 말씀이니라 이는 하늘이 땅보다 높음 같이 내 길은 너희 길보다 높으며 내 생각은 너희의 생각보다 높음이니라."**(사55:8~9)

하나님은 우리의 생각을 사로잡아 그의 말씀에 온전히 복종하도록 우리를 이끄신다. 우리의 복종이 온전하게 될 때, 그를 대적하는 이 세상을 심판하려고 준비하고 계신다. **"우리의 싸우는 무기는 육신에 속한 것이 아니요 오직 어떤 견고한 진도 무너뜨리는 하나님의 능력이라 모든 이론을 무너뜨리며 하나님 아는 것을 대적하여 높아진 것을 다 무너뜨리고 모든 생각을 사로잡아 그리스도에게 복종하게 하니 너희의 복종이 온전하게 될 때에 모든 복종하지 않는 것을 벌하려고 준비하는 중에 있노라."**(고후10:4~6) **"하나님의 집에서 심판을 시작할 때가 되었나니 만일 우리에게 먼저 하면 하나님의 복음을 순종하지 아니하는 자들의 마지막은 어떠하며."**(벧전4:17) 우리의 생각이 아무리 옳고 유익하게 여겨질지라도 하나님의 생각을 따르자. 위기의 때일수록 하나님의 약속의 말씀을 신뢰하며, 그 말씀을 붙들고 하나님께 간절히 기도로 의논하자.

09

영적 지도자의 말

"네가 여호와의 말씀을 어기며 네 하나님 여호와께서 네게 내리신 명령을 지키지 아니하고 돌아와서 여호와가 너더러 떡도 먹지 말고 물도 마시지 말라 하신 곳에서 떡을 먹고 물을 마셨으니 네 시체가 네 조상들의 묘실에 들어가지 못하리라 하셨느니라 하니라."(왕상13:20~22)

구약 시대나 초대 교회로부터 오늘의 교회에 이르기까지, 거짓 선자자들이 하나님 나라에 미치는 폐해는 실로 크다 할 것이다. 엘리야와 예레미야 선지자 시대의 거짓 선지자들이 그러하였고(왕상18:19, 렘23:13~14) 사도 시대의 거짓 선지자들이 또한 그러하였다.(고후11:13~15) 우리는 이런 거짓 선지자들의 간교한 유혹에 넘어가지 않기 위해 항상 하나님의 지혜의 말씀과 기도로 깨어 있어야 할 것이다. **"여호와의 말씀이니라 내 말이 불 같지 아니하냐 바위를 쳐서 부스러뜨리는 방망이 같지 아니하냐 여호와의 말씀이니라 그러므로 보라 서로 내 말을 도둑질하는 선지자들을 내가 치리라."**(렘23:29~30) **"사탄도 자기를 광명의 천사로 가장하나니 그러므로 사탄의 일꾼들도 자기를 의의 일군으로 가장하는 것이 또한 대단한 일이 아니니라 그들의 마지막은 그 행위대로 되리라."**(고후11:14~15)

열왕기상 13장에는 하나님이 참 선지자를 통해 또 다른 참 선지자를 시험하신 사건이 나온다. 여로보암 왕이 북 이스라엘을 통치할 때였다. 그는 레위 제사장들을 내쫓고, 산당을 세우고, 금송아지 우상을 만들어 그 앞에 분향하며 제사하였다. 여로보암 왕이 벧엘의 제단 곁에서 분향할 때였다. 하나님은 유다의 한 선지자를 그에게 보내어 그를 책망하셨다. 하나님의 사람이 그 제단을 향하여 말했다. **"제단아 제단아 여호와께서 이와 같이 말씀하시기를 다윗의 집에 요시야라 이름하는 아들을 낳으리니 그가 네 위에 분향하는 산당 제사장들을 네 위에서 제물로 바칠 것이요 또 사람의 뼈를 네 위에서 사르리라."**(왕상13:2) 그리고 그 징조로 제단이 갈라지며, 그 위에 있는 재가 아래로 쏟아져 내렸다.

이때 여로보암 왕이 손을 펴며 그 선지자를 잡으려 할 때, 그의 편 손이 말라 다시 거두지 못하게 된다. 하나님의 사람이 하나님께 은혜를 구하여 그의 마른 손이 고침을 받아 성하게 되었다. 여로보암 왕은 선지자에게 예물을 줄 것을 약속하며 자기와 함께 쉬었다 가기를 요청하였다. 하지만 선지자는 왕과 함께 들어가지도 아니하고, 왕과 함께 음식도 먹지 않고 물도 마시지 않았다. 하나님이 그에게 **"떡도 먹지 말며 물도 마시지 말고 왔던 길로 되돌아가지도 말라"**(왕상13:9)고 말씀하셨기 때문이다.

그때 벧엘에 사는 한 늙은 선지자가 그의 아들들로부터 이 소식을 듣고는, 유다의 선지자를 만나기 위해 그의 나귀에 안장을 지우고 유다의 선지자를 뒤좇아갔다. 그는 유다에서 온 선지자가 한 상수리나무 아래에서 쉬는 것을 보고 자기와 함께 집으로 가서 떡을 먹을 것을 권하였다. 유다의 선지자는 여로보암 왕에게 말한 것과 같이 '여기서는 물도 마시지 않고, 떡도 먹지 아니하며, 그대와 함께 들어갈 수도 없다' 고 벧엘의 선지자에게도 대답하였다. 벧엘의 선지자는 이 말을 듣고 **"나도 그대와 같은 선지자라 천사가 여호와의 말씀으로 내게 이르기를 그를 네 집에 데리고 들어가서 그에게 떡을 먹이고 물을 마시게 하라"**(왕상13:18)고 하였다며 그를 속인다. 유다의 선지자는 이 말을 듣고 벧엘의 늙은 선지자의 집으로 따라 들어가 그의 집에서 떡을 먹고 물을 마시게 된다. 그들이 상 앞에 앉아 있을 때였다. 하나님의 말씀이 유다의 선지자를 데려온 늙은 선지자에게 임하였다. '하나님의 말씀을 어긴 유다의 선지자가 가는 길에 죽임을 당할 것이며, 그의 시체가 조상들의 묘실에 들어가지 못하리라'는 말씀이었다. 이 예언의 말씀대로 유다의 선지자는 돌아가는 길에 사자에게 죽임을 당하고, 그의 시체는 벧엘의 선지자의 묘실에 묻히게 된다.

만일 유다의 선지자가 벧엘의 선지자가 그에게 하는 말이 천사를 통해 하는 말이라 할지라도, 그가 애당초 하나님께 받은 말씀과 다를 경우 과연 벧엘의 선지자의 말을 하나님의 말씀으로 믿고 순종해야 하는지를 하나님께 물었다면 어떠했을까? 물론, 하나님은 이 사건을 통해 불순종하는 여로보암 왕과 이스라엘 백성들에게 하나님의 말씀의 신실함을 깨우쳐 그들을 죄에서 돌이키시고자 하셨다. 하지만 유다 선지자의 입장에서 생각해 볼 때, 우리는 이 사건에서 중요한 교훈을 배울 수 있다. '누가 나에게 하나님의 말씀이라고 할지라도, 그것이 내가 하나님께 들어서 알고 있는 말씀과 맞지 않는 경우에는 반드시 먼저 하나님께 "하리이까? 말리이까?" 그 말씀에 대한 순종의 여부를 물어야 한다'는 사실이다.

하나님은 거짓말을 하지 않으시며 거짓말 하는 자를 또한 미워하신다.(민23:19, 잠6:19) 그러므로 유다의 선지자가 먼저 이 일을 하나님께 물었다면, 하나님은 그에게 이렇게 말씀하셨으리라 여겨진다. '그래, 네가 내 말의 신실함을 끝까지 믿고 순종하려고 하는구나. 만일 네가 벧엘 선지자의 말만 듣고 갔다면, 너는 사자에게 죽임을 당하여 네 고향으로 돌아가지도 못했을 것이다. 이제 백성들에게 가서, 네가 겪은 일과 나에게서 들은 말을 전하거라. 그들이 혹시 그들의 불순종을 깨닫고 내게로 돌이키리라.' 하나님의 말씀은 영원히 살아 계신 하나님의 변치 않는 약속의 말씀이다. 하나님은 자신이 하신 약속의 말씀을 결코 변개하지 않으신다. **"진실로 진실로 너희에게 이르노니 천지가 없어지기 전에는 율법의 일점일획도 결코 없어지지 아니하고 다 이루리라."**(마5:18)

성경에 기록된 두 예를 살펴보자. 하나님은 여리고 성을 무너뜨리신 뒤 여호수아에게 말씀하셨다. **"이 여리고 성을 건축하는 자는 여호와 앞에서 저주를 받을 것이라 그 기초를 쌓을 때 그의 맏아들을 잃을 것이요 그 문을 세울 때에 그의 막내아들을 잃으리라."**(수6:26) 이는 죄악으로 무너진 여리고 성은 영원히 저주 받은 도성이며, 그 저주 받은 도성은 사람의 힘으로는 다시 세울 수 없다는 것을 가르치는 말씀이다. 다시 말해 우리가 살고 있는 이 세상은 죄악으로 인해 저주 받은 도성이며, 오직 하나님의 은혜를 받은 사람만이 하나님이 세우신 구원의 성문을 통해 구원의 도성으로 들어갈 수 있다는 사실을 가르치는 말씀이다.(눅19:1~10) **"다시는 강포한 일이 네 땅에 들리지 않을 것이요 황폐와 파멸이 네 국경 안에 다시 없을 것이며 네가 네 성벽을 구원이라 네 성문을 찬송이라 부를 것이라."**(사

60:18, 계21:9~15) 하지만 아합 왕 시절에 벧엘 사람 히엘이 이 말씀을 불순종하여 여리고 성의 터를 쌓을 때에 그의 맏아들 아비람을 잃고, 그 성문을 세울 때에 그의 막내아들 스굽을 잃었다.(왕상16:34) **"이스라엘은 자기를 지으신 이를 잊어버리고 왕궁들을 세웠으며 유다는 견고한 성읍들을 많이 쌓았으나 내가 그 성읍들에 불을 보내어 그 성들을 삼키게 하리라."**(호8:14)

또 하나의 예는 엘리사가 죽어 그의 묘실에 장사된 뒤의 일이다. 어느 날 이스라엘 백성 중 어떤 사람들이 죽은 자를 장사 지내려 할 때였다. 그들은 마침 모압의 도적 떼들이 오는 것을 보고는 급히 그 시체를 엘리사의 묘실에 들이 던졌다. 이때 그 시체가 엘리사의 뼈에 닿자 곧 회생하여 일어났다.(왕하13:20~21) 이 이적은 비록 엘리사는 죽어 한줌의 뼈가 되었지만, 그와 함께 하신 하나님의 말씀은 영원히 살아 계신다는 것을 가르치는 말씀이다.

다른 사람의 조언이나 권면을 귀 기울여 듣자. **"친구의 아픈 책망은 충직으로 말미암는 것이나 원수의 잦은 입맞춤은 거짓에서 난 것이니라."**(잠27:6) 하지만 내가 듣고, 알고, 믿고 있는 하나님의 말씀으로 먼저 그 말을 분별하자. 그리고 하나님께 그 말에 대한 순종의 여부를 먼저 의논하자. 예수 그리스도는 어제나 오늘이나 영원토록 동일하신 분이시다.(히13:8). 하나님의 말씀 앞에는 만물이 벌거벗은 것같이 드러난다는 사실을 잊지 말자. **"하나님의 말씀은 살아 있고 활력이 있어 좌우에 날선 어떤 검보다도 예리하여 혼과 영과 및 관절과 골수를 찔러 쪼개기까지 하며 또 마음의 생각과 뜻을 판단하나니 지으신 것이 하나도 그 앞에 나타나지 않음이 없고 우리의 결산을 받으실 이의 눈앞에 만물이 벌거벗은 것같이 드러나느니라."**(히4:12~13)

10

내가 바라는 하나님의 응답

"호사야의 아들 아사랴와 가레아의 아들 요하난과 모든 오만한 자가 예레미야에게 말하기를 네가 거짓을 말하는도다 우리 하나님 여호와께서 너희는 애굽에서 살려고 그리로 가지 말라고 너를 보내어 말하게 하지 아니하셨느니라."(렘43:2)

유다의 시드기야 왕 제구 년 열째 달이었다. 바벨론의 느부갓네살 왕과 그의 모든 군대가 와서 예루살렘을 에워싸고 공격하였다. 제 십일 년 넷째 달 아홉째 날에 결국 예루살렘 성은 그들에 의해 함락되고 말았다. 사령관 느부사라단은 성중에 남아 있는 백성과, 자기에게 항복한 자와 그 외 남은 백성을 사로잡아 그들을 바벨론으로 옮겼다. 아무 소유가 없는 빈민을 유다 땅에 남겨 두고, 그날에 그들에게 포도원과 밭을 주었다. 그런데, 들로 도피한 유대 지휘관들과 그 부하들이 바벨론 왕이 아히감의 아들 그다랴에게 그 땅을 맡기고, 남녀와 유아와 바벨론으로 잡혀가지 아니한 빈민을 그에게 위임하였다는 말을 듣고는 그에게로 왔다. 그 뒤 일곱째 달에 왕의 장관인 이스마엘이 열 사람과 함께 미스바의 그다랴에게 와서는, 그다랴와 그와 함께 있는 유다 사람들과 갈대아 군사들을 모두 살해하였다. 그리고 그들은 남은 백성들을 데리고 암몬 자손에게로 가려 하였다.

이 소식을 들은 가레아의 아들 요하난과 그와 함께 한 군 지휘관들이 이스마엘이 포로 삼은 남은 유대 백성들을 기브온에서 도로 빼앗아 돌아왔다. 그리고 그들은 바벨론을 두려워하여 애굽으로 떠나려고 베들레헴 근처 게롯김함에 이르렀다. 이때 군대의 지휘관들과 요하난과 백성들이 선지자 예레미야에게 나아와, 그들이 마땅히 할 일과 갈 길을 알려 주기를 그에게 간구하였다,

십일 뒤에 예레미야는 그들에게 하나님의 뜻을 전하였다. **"너희가 이 땅에 눌러 앉아 산다면 내가 너희를 세우고 헐지 아니하며 너희를 심고 뽑지 아니하리니 이는 내가 너희에게 내린 재난에 대하여 뜻을 돌이킴이라 …… 전쟁도 보이지 아니하며 나팔 소리도 들리지 아니하며 양식의 궁핍도 당하지 아니하는 애굽 땅으로 들어가 살리라 하면 잘못되리라."**(렘42:10~14) 가레아의 아들 요하난과 모든 오만한 자들이 이 말을 듣고 예레미야에게 **"네가 거짓을 말하는도다 우리 하나님 여호와께서 너희는 애굽에서 살려고 그리로 가지 말라고 너를 보내어 말하게 하지 아니하셨느니라 이는 네리야의 아들 바룩이 너를 부추겨서 우리를 대적하여 갈대아 사람의 손에 넘겨 죽이며 바벨론으로 붙잡아 가게 하려 함이라"**(렘43:2~3)고 말하며 하나님의 말씀을 거역하였다. 그리고 그들은 남은 모든 백성들을 데리고 애굽 땅에 들어가 살기 위해 다바네스에 이르게 된다.

요하난과 이스라엘 백성들이 예레미야를 통해 주신 하나님의 말씀을 거역하고 애굽으로 내려가기를 고집한 이유는 무엇일까? 예레미야에

게 그들의 갈 길을 물으며 하나님과 의논하였지만, 정작 그들의 마음에는 애굽으로 가기를 허락하시는 하나님의 응답을 기대한 때문은 아닐까? 그들의 기대와는 달리 예레미야가 이 땅에 머물러 살 것을 말하자, 그들은 즉시 하나님의 말씀을 거역하고, 그들의 마음에 이미 정한 대로 애굽 땅으로 가기를 고집하고 실행에 옮긴 것은 아닐까? **"나 주 여호와가 말하노라 이스라엘 족속 중에 그 우상을 마음에 들이며 죄악의 걸림돌을 자기 앞에 두고 선지자에게로 가는 모든 자에게 나 여호와가 그 우상의 수효대로 보응하리니 이는 이스라엘 족속이 다 그 우상으로 말미암아 나를 배반하였으므로 내가 그들이 마음먹은 대로 그들을 잡으려 함이라."**(겔14:4)

우리의 삶이 하나님께 기쁨이 되기 위해 우리는 하나님 앞에서 어떤 마음을 가져야 할까? 그것은 나의 뜻대로 응답하시는 하나님이 아니라, 비록 나의 뜻과 반대되는 말씀일지라도 그 말씀에 기꺼이 순종하고자 하는 겸비의 마음이 아닐까. 우리의 기대대로 일하시는 하나님이 아니라, 자신의 뜻을 이루시기 위해 우리를 통해 일하시는 하나님의 뜻을 구하자. 먼저 하나님의 뜻을 묻고, 그를 의지하며, 그의 뜻을 순종하도록 하자. 비록 그 길이 우리 생각에는 피하고 싶은 좁은 길일지라도, 그 길만이 생명과 복된 길이 되기 때문이다. **"좁은 문으로 들어가라 멸망으로 인도하는 문은 크고 그 길이 넓어 그리로 들어가는 자가 많고 생명으로 인도하는 문은 좁고 길이 협착하여 찾는 자가 적음이라."**(마7:13~14) **"여호와의 말씀이니라 너희를 향한 나의 생각을 내가 아나니 평안이요 재앙이 아니니라 너희에게 미래와 희망을 주는 것이니라 너희가 내게 부르짖으며 내게 와서 기도하면 내가 너희들의 기도를 들을 것이요 너희가 온 마음으로 나를 구하면 나를 찾을 것이요 나를 만나리라."**(렘29:11~13)

11

영혼과 곡식

"또 내가 내 영혼에게 이르되 영혼아 여러 해 쓸 물건을 많이 쌓아두었으니 평안히 쉬고 먹고 마시고 즐거워하자 하리라 하되."(눅12:19)

어느 날, 예수님을 따르는 무리 중 한 사람이 예수님께 **"선생님 내 형을 명하여 유산을 나와 나누게 하소서"**(눅12:13)라고 부탁하였다. 예수님은 제자들에게 **"삼가 모든 탐심을 물리치라 사람의 생명이 그 소유의 넉넉한 데 있지 아니하니라"**(눅12:15) 하시고, 그들에게 한 어리석은 부자의 비유를 말씀하셨다. 어리석은 한 부자는 그 밭에 소출이 풍성하자 그의 마음에 생각하였다. **"내가 곡식 쌓아 둘 곳이 없으니 어찌할까 하고 또 이르되 내가 이렇게 하리라 내 곳간을 헐고 더 크게 짓고 내 모든 곡식과 물건을 거기 쌓아 두리라."**(눅12:17~18) 어리석은 부자는 또 그의 영혼에게 이렇게 말했다. **"영혼아 여러 해 쓸 물건을 많이 쌓아 두었으니 평안히 쉬고 먹고 마시고 즐거워하자."**(눅12:19) 그때 하나님은 그에게 말씀하셨다. **"어리석은 자여 오늘 밤에 네 영혼을 도로 찾으리니 그러면 네 준비한 것이 누구의 것이 되겠느냐."**(눅12:20) 예수님은 이 비유를 통해 자기를 위해 재물을 쌓아 두고 하나님께 대하여 부요하지 못한 자의 어리석음을 가르치셨다.

어리석은 부자는 그의 영혼과 의논하면서 그의 곳간에 쌓아둔 많은 곡식과 물건으로 여러 해 동안 행복한 삶을 살 수 있으리라고 생각하였다. 그는 그의 영혼의 주인이신 살아 계신 하나님께는 한마디의 의논도 하지 않았다. 그의 기대와 달리, 만일 하나님이 그날 밤 그의 영혼을 취하셨다면, 그는 그가 쌓아 놓은 모든 재물을 남겨둔 채 무덤을 지나 하나님의 심판대 앞에 설 수밖에 없는 불쌍한 사람이었다. 매일 그의 집 대문 앞에서 음식을 구걸하던 거지 나사로를 외면한 부자 역시 이 세상의 곡식에 배부른 삶을 살다가 결국 영원한 죽음의 형벌을 받은 불쌍한 사람이었다.(눅16:24) **"여호와여 이 세상에 살아 있는 동안 그들의 분깃을 받은 사람들에게서 주의 손으로 나를 구하소서 그들은 주의 재물로 배를 채우고 자녀로 만족하고 그들의 남은 산업을 그들의 어린 아이들에게 물려 주는 자니이다."**(시17:14)

야고보서에도 어떤 장사하는 사람들에 대한 말씀이 나온다. 그들은 스스로 말하기를 **"오늘이나 내일이나 우리가 어떤 도시에 가서 거기서 일 년을 머물며 장사하여 이익을 보리라"**(약4:13)고 하였다. 그들은 언제, 어느 도시로 가서 얼마 동안 그곳에 머물며 장사하는 것이 하나님의 뜻인지를 하나님께 묻지 않았다. 오직 장사하여 이익을 얻고자 하는 마음뿐이었다. 가난한 이웃에 대한 사랑의 책무 또한 까마득이 잊고 있었다. **"네가 이 세대에서 부한 자들을 명하여 마음을 높이지 말고 정함이 없는 재물에 소망을 두지 말고 오직 우리에게 모든 것을 후히 주사 누리게 하시는 하나님께 두며 선을 행하고 선한 사업을 많이 하고 나누어 주기를 좋아하며 너그러운 자가 되게 하라 이것이 장래에 자기를 위하여 좋은 터를 쌓아 참된 생명을 취하는**

것이니라."(딤전6:17~18) 그러나 하나님께서는 어리석은 그들에게 이렇게 말씀하셨다. **"내일 일을 너희가 알지 못하는도다 너희 생명이 무엇이냐 너희는 잠깐 보이다가 없어지는 안개니라 너희가 도리어 말하기를 주의 뜻이면 우리가 살기도 하고 이것이나 저것을 하리라 할 것이거늘 이제도 너희가 허탄한 자랑을 하니 그러한 자랑은 다 악한 것이라."**(약4:14~15) 우리는 우리 영혼의 주인이신 영생의 하나님을 인정하지 않고 자신이 주인이 되어 이 세상의 성공만을 좇아 살아가는 사람들의 어리석음을 이 말씀을 통해 배울 수 있다. **"낙타가 바늘귀로 들어가는 것이 부자가 하나님의 나라에 들어가는 것보다 쉬우니라."**(마19:24)

우리는 떡과 팥죽 한 그릇을 탐하여 장자의 명분을 팔아버린 에서와, 아람의 나아만 장군이 가져온 은 한 달란트와 옷 두 벌을 탐하다 문둥병이 든 게하시 같은 어리석은 자가 되지 않아야 한다.(히12:16~17, 왕하5:27) 재물에 대한 탐욕이 우리의 영혼을 어둡게 하며, 하나님과 재물은 결코 겸하여 섬길 수 없다는 하나님의 말씀을 늘 기억해야 한다.(마6:24) 우리가 사랑하며 의논해야 할 대상은 이 세상의 썩어질 재물이나 내 영혼이 아니라 영원한 생명의 하나님이심을 잊지 말자. **"주여 영생의 말씀이 주께 있사오니 우리가 누구에게로 가오리이까."**(요6:68) 예수님은 오병이어의 기적을 보고 그를 따르는 무리들에게 말씀하셨다. **"썩을 양식을 위하여 일하지 말고 영생하도록 있는 양식을 위하여 하라 이 양식은 인자가 너희에게 주리니 인자는 아버지 하나님이 인치신 자니라."**(요6:27) 우리의 영원한 생명의 양식은 하나님의 말씀이다.

예수님은 제자들에게 자기 십자가를 지고 자기를 부인하며 그를 따를 것을 교훈하시면서 이렇게 말씀하셨다. **"누구든지 제 목숨을 구원하고자 하면 잃을 것이요 누구든지 나를 위하여 제 목숨을 잃으면 찾으리라 사람이 만일 온 천하를 얻고도 제 목숨을 잃으면 무엇이 유익하리요 사람이 무엇을 주고 제 목숨과 바꾸겠느냐."**(마16:25~26) 그리고 예수님은 친히 십자가 죽음을 통해 이 세상에서 하나님 아버지의 나라로 출애굽 하셨다. 우리의 하늘 처소를 예비해 주시기 위해서였다.(변화산 위에서 예수님이 제자들에게 자신이 장차 예루살렘에서 별세할 것을 말씀하시는데 '별세'라는 단어는 '출애굽'을 의미하는 'ἔξοδος'임) 예수님은 성부 하나님의 뜻에 순종하여 그의 뜻을 이루는 것을 그의 양식으로 삼고 공생애 사역을 감당하셨다. **"나의 양식은 나를 보내신 이의 뜻을 행하며 그의 일을 온전히 이루는 이것이니라."**(요4:34)

그러므로 아굴의 기도가 우리의 기도가 되도록 하자. **"내가 두 가지 일을 주께 구하였사오니 내가 죽기 전에 내게 거절하지 마옵소서 곧 헛된 것과 거짓말을 내게서 멀리 하옵시며 나를 가난하게도 마옵시고 부하게도 마옵시고 오직 필요한 양식으로 나를 먹이시옵소서 혹 내가 배불러서 하나님을 모른다 여호와가 누구냐 할까 하오며 혹 내가 가난하여 도둑질하고 내 하나님의 이름을 욕되게 할까 두려워함이니이다."**(잠30:8~9) 또한 사르밧 과부가 통의 가루 한 움큼과 조금 남은 병의 기름으로 음식을 만들어 먹고 죽으려 할 때, 그녀를 찾아가 기근 동안 끊임없이 풍성한 양식을 공급해 주신 하나님의 선하심을 잊지 않도록 하자.(왕상17:12~16) 나아가 이 땅의 것으로 배부르거나 그것을 목말라하는 세상의 영혼들에게, 우리의 삶을 통해 영생의 양식되신 예수 그리스도를 소유한 하나님의 자녀 된 영광을 나타내 보이자. **"무명한 자 같으나 유명한 자요 죽은 자 같으나 보라 우리가 살**

아 있고 징계를 받는 자 같으나 죽임을 당하지 아니하고 근심하는 자 같으나 항상 기뻐하고 가난한 자 같으나 많은 사람을 부요하게 하고 아무것도 없는 자 같으나 모든 것을 가진 자로다."(고후6:9~10)

12
우리가 칼로 치리이까?

"그의 주위 사람들이 그 된 일을 보고 여짜오되 주여 우리가 칼로 치리이까 하고 그 중의 한 사람이 대제사장의 종을 쳐 그 오른쪽 귀를 떨어뜨린지라 예수께서 일러 이르시되 이것까지 참으라 하시고 그 귀를 만져 낫게 하시더라."(눅22:49~51)

예수님은 제자들과 함께 마지막 유월절 만찬을 가지셨다. 예수님은 그 자리에서 시몬과 다른 제자들이 그를 부인할 것을 예언하셨다. 그리고는 습관을 좇아 감람산에 가셔서 땀이 핏방울이 되도록 간절히 기도하셨다. 성부 하나님의 뜻에 순종하여 십자가의 고난을 감당하시기 위해서였다. 예수님이 기도하고 돌아오시자 제자들은 모두 슬픔으로 인해 잠이 들어 있었다. 예수님은 이를 보시고 그들에게 시험에 들지 않게 깨어 기도하라고 권면하셨다.

예수님이 이 말씀을 하실 즈음, 그를 배반한 가룟 유다가 한 무리에 앞서 와서 예수님께 입을 맞추려고 그에게 가까이 다가왔다. 그의 제자들이 이를 보고 **"주여 우리가 칼로 치리이까"**(눅22:49) 하고는 그 중의 한 사람이 대제사장의 종을 쳐 그 오른쪽 귀를 떨어뜨렸다. 예수님은 제자들에게 **"이것까지 참으라"**(눅22:51) 하시고 땅에 떨어진 종의 귀를 집어들고 그의 귀를 만져 낫게 하셨다. 요18:10에는 대제사장의 종의 귀를 쳐서 떨어뜨린 자가 베드로이며, 그 종의 이름은 '말고'라고 기록되어 있다.

제자들이 먼저 예수님께 "주여 우리가 칼로 치리이까"라고 물었으면 그들은 예수님의 대답이 어떠하신 지를 기다려야 했다. 하지만 베드로는 예수님께 묻기는 하였지만, 그의 대답을 기다리지 않고 자기 칼로 대제사장의 종의 귀를 내리쳤다. 그리하여 예수님은 친히 허리를 굽혀 땅에 떨어진 종의 귀를 주워, 그의 피 묻은 손으로 종의 귀를 만져 낫게 하시는 수고를 감당하셨다. 이처럼 예수님의 뜻을 물었으나 그 물음에 응답하시는 예수님의 뜻을 기다리지 않으면, 그것은 오히려 예수님을 번거롭게 하는 불순종이 되고 만다.

하나님의 뜻을 물었으면 하나님의 뜻이 어떠하신지 그의 말씀을 기다리자. 하나님은 우리의 간구에 즉시 응답하시기도 하지만 인내의 시간을 요구하실 때도 있다. 바벨론에 의해 패망한 뒤, 소수의 남은 유다 백성들이 애굽으로 가야 하는지의 여부를 예레미야 선지자에게 물을 때였다. 하나님은 십일이 지나서야, 예레미야를 통해 그들이 애굽으로 내려가지 말 것을 말씀하셨다.(렘42:7) 다니엘이 바사 왕 고레스 제삼년에 큰 전쟁에 관한 환상을 보았을 때도 그러했다. 다니엘은 세 이레가 차기까지 좋은 떡을 먹지 아니하며, 고기와 포도주를 입에 대지 아니하고 하나님께 기도하였다. 세 이레가 끝날 무렵, 인자와 같은 이가 다니엘에게 와서 이렇게 말씀하였다. **"네가 깨달으려 하여 네 하나님 앞에 스**

스로 겸비하기로 결심하던 첫날부터 네 말이 응답 받았으므로 내가 네 말로 말미암아 왔느니라 그런데 바사 왕국의 군주가 이십일 일 동안 나를 막았으므로 내가 거기 바사 왕국의 왕들과 함께 머물러 있었더니 가장 높은 군주 중 하나인 미가엘이 와서 나를 도와주므로 이제 내가 마지막 날에 네 백성이 당할 일을 네게 깨닫게 하려 하노라."(단10:12~13)

우리는 이를 통해 기도는 사단과의 강력한 영적인 전쟁임을 알 수 있다. 그리고 우리의 기도는 하나님의 뜻에 합당하면 즉시 응답을 받지만, 하나님의 때에 그 응답이 우리에게 현실로 이루어진다는 사실도 배울 수 있다. 인내하며 기도해야 할 이유가 여기에 있다. **"하물며 하나님께서 그 밤낮 부르짖는 택하신 자들의 원한을 풀어 주지 아니하시겠느냐 그들에게 오래 참으시겠느냐 내가 너희에게 이르노니 속히 그 원한을 풀어 주시리라 그러나 인자가 올 때에 세상에서 믿음을 보겠느냐 하시니라."**(눅18:7~8) **"너희에게 인내가 필요함은 너희가 하나님의 뜻을 행한 후에 약속하신 것을 받기 위함이라."**(히10:36)

예수님도 철저히 성부 하나님의 뜻을 묻고 그의 뜻에만 순종하면서 공생애 사역을 감당하셨다. 그 한 예가 죽은 나사로를 살리신 사건이었다. 예수님은 평소 사랑하시던 그의 제자 나사로가 심한 병으로 죽어간다는 소식을 들었지만, 곧장 베다니로 가지 않고 그 계시던 곳에서 이틀을 더 머무셨다. 나사로가 죽어서 무덤에 묻힌 지 나흘이 지나 시체에서 썩은 냄새가 나는 때에야, 예수님은 나사로의 무덤으로 찾아가 죽은 나사로를 무덤에서 살려내셨다. 이를 통해 예수님 자신이 바로 부활이요 생명이 되시는 하나님이시며, '그를 믿는 자는 죽어도 살 것이요,

살아서 그를 믿는 자는 영원히 죽지 않으리라'는 영생의 복음을 온 세상에 알리고자 하신 것이다.(요11:25~26)

하나님께 기도로 그의 뜻을 구하였으면 하나님의 시간을 기다리자. **"기다리는 자들에게나 구하는 영혼들에게 여호와는 선하시도다 사람이 여호와의 구원을 바라고 잠잠히 기다림이 좋도다."**(애3:25~26) 늦더라도, 분명한 하나님의 뜻을 알고 순종하는 것이 하나님의 짐을 덜어드리는 길이요, 우리의 복된 삶의 지름길임을 잊지 말자. **"지식 없는 소원은 선하지 못하고 발이 급한 사람은 그릇 가느니라 사람이 미련하므로 자기 길을 굽게 하고 하나님을 원망하느니라."**(잠19:2~3)

제2부

따르자!

01

블레셋 사람을 치리이까?

"이에 다윗이 여호와께 묻자와 이르되 내가 가서 이 블레셋 사람을 치리이까 여호와께서 다윗에게 이르시되 가서 블레셋 사람을 치고 그일라 사람을 구원하라 하시니 다윗의 사람들이 그에게 이르되 보소서 우리가 유다에 있기도 두렵거든 하물며 그일라에 가서 블레셋 사람들의 군대를 치는 일이리이까 한지라 다윗이 여호와께 다시 묻자온대 여호와께서 대답하여 이르시되 일어나 그일라로 내려가라 내가 블레셋 사람들을 네 손에 넘기리라 하신지라 다윗과 그의 사람들이 그일라로 가서 블레셋 사람들과 싸워 그들을 크게 쳐서 죽이고 그들의 가축을 끌어 오니라 다윗이 이와 같이 그일라 사람들을 구원하니라."(삼상23:2~5)

다윗이 사울 왕을 피해 도피 생활을 할 때였다. 당시 제사장 아히멜렉은 다윗을 도운 일로 사울 왕에 의해 세마포 입은 제사장 팔십오 명과 함께 죽임을 당한다. 이 일이 있고 나서, 어떤 사람들이 다윗에게 블레셋 사람들이 그일라를 쳐서 그 타작 마당을 탈취하였다는 소식을 전하였다. 다윗은 먼저 하나님께 나아가 블레셋 사람을 공격하는 일에 대해 블레셋 사람을 "치리이까?"라며 하나님의 뜻을 물었다. 하나님이 그에게 공격하라고 말씀하시자, 다윗은 그와 함께 한 사람들에게 하나님의 뜻을 전하였다. 그들이 다윗의 말을 듣고는 **"보소서 우리가 유다에 있기도 두렵거든 하물며 그일라에 가서 블레셋 사람들의 군대를 치는 일이리이까"**(삼상23:3) 라며 다윗을 반대하였다.

다윗은 다시 하나님께 나아가 그일라로 가서 블레셋과 싸우는 것이 하나님의 뜻인지의 여부를 물었다. 하나님은 이번에도 그에게 **"그일라로 내려가라 내가 블레셋 사람들을 네 손에 넘기기라"**(삼상23:4)고 말씀하셨다. 이에 다윗은 그와 함께 한 사람들에게 와서 다시 하나님의 뜻을 전하였다. 마침내 그들은 다윗과 함께 그일라로 내려가 블레셋과 싸워 그들을 크게 쳐서 죽이고 그일라 주민들을 구원하였다.

만일, 이때 다윗이 자신의 능력만을 의지하며 하나님께 먼저 전쟁의 여부를 묻지도 않고 블레셋과 싸웠다면 어떻게 되었을까? 다윗은 하나님을 철저히 의지하지 않은 일로 인해 승리하였더라도 많은 희생을 치를 수밖에 없었을 것이다. 또한, 그가 하나님께 기도하여 받은 하나님의 확신만을 고집하며 성급하게 전쟁에 임하였다면 어떻게 되었을까? 이 일 역시, 그와 함께 한 사람들과 온전히 마음으로 하나 되어 블레셋과 싸울 수는 없었을 것이다. 비록 싸움에서 승리했을지라도 다소의 후유증은 겪게 되었을 것이다. 다윗은 하나님 안에서 확신하는 자신의 뜻을 처음에는 그들이 거부하였지만 그들에게 자신의 뜻을 강요하지 않았다. 그는 하나님께 그 문제를 맡기며 겸손히 다시 하나님과 의논하였다. 그리고 그가 돌아와 재차 그들에게 하나님의 뜻을 말했을 때, 그들은 이렇게 생각했을 것이다. '다윗이 두 번이나 하나님께 기도하며 확신하는 일이니 하나님의 뜻이 분명할 것이다. 우리도 함께 가서 싸우자.' 다윗은 이처럼 동역자들과 하나 된 마음으로 싸워, 결국 넉넉히 전쟁에서 승리할 수 있었다.

신앙생활에서 우리는 때때로 외부의 적보다 내부의 적에 의해 더 치명적인 해를 입을 수 있다. 성령으로 충만한 초대교회에서조차 사소한 구제의 문제로 내부에 불화하는 일이 일어난 것을 보아도 그러하다. 사도들에 의해 이 갈등이 은혜롭게 잘 처리되지 않았더라면 초대교회는 심각한 내홍에 시달리며 많은 영적 에너지를 허튼 데 낭비하고 말았을 것이다.

사사 기드온이 미디안과 전쟁할 때였다. 에브라임 사람들은 전쟁에 뒤늦게 합류하였지만 미디안의 두 방백 오렙과 스엡을 사로잡아 죽이는 전공을 세웠다. 그들은 기드온에게 이르기를 **"네가 미디안과 싸우러 갈 때에 우리를 부르지 아니하였으니 우리를 이같이 대접함은 어찌 됨이냐"**(삿8:1)라며 그와 크게 다투었다. 이때 기드온은 **"내가 이제 행한 일이 너희가 한 것에 비교되겠느냐 에브라임의 끝물 포도가 아비에셀의 맏물 포도보다 낫지 아니하냐"**(삿8:2)며 자신을 낮추고 그들을 인정하고 높여 주었다. 에브라임 사람들은 기드온의 이 말에 곧 노여움을 풀고 서로 화평함을 이루었다. **"누구든지 자기를 높이는 자는 낮아지고 누구든지 자기를 낮추는 자는 높아지지라."**(마23:12) 만일 기드온이 화를 내며 그들과 다투었다면 이스라엘은 내부의 불화로 인해 미디안에게서 거둔 승리를 잃어버리고 말았을 것이다. **"생명을 사랑하고 좋은 날 보기를 원하는 자는 혀를 금하여 악한 말을 그치며 그 입술로 거짓을 말하지 말고 악에서 떠나 선을 행하고 화평을 구하며 그것을 따르라."**(벧전3:10~11) **"노엽게 한 형제와 화목하기가 견고한 성을 취하기보다 어려운즉 이러한 다툼은 산성 문빗장 같으니라."**(잠18:19)

사사기에는 이와는 상반되는 한 사건이 나온다. 사사 입다는 암몬과의 전쟁에서 하나님의 도우심으로 큰 승리를 거두었다. 에브라임 사람들은 이때에도 입다에게 와서 **"네가 암몬 자손과 싸우러 건너갈 때에 어찌하여 우리를 불러 너와 함께 가게 하지 아니하였느냐 우리가 반드시 너와 네 집을 불사르리라"**(삿12:1)며 크게 화를 내었다. 입다는 그들에게 **"나는 너희가 도와주지 아니하는 것을 보고 내 목숨을 돌보지 아니하고 건너가서 암몬을 쳤더니 여호와께서 그들을 내 손에 넘겨주셨거늘 너희가 어찌하여 오늘 내게 올라와서 나와 더불어 싸우고자 하느냐"**(삿12:3) 하고는 길르앗 사람을 다 모으고 그들과 싸웠다. 그때에 에브라임 사람 사만 이천 명이 입다와 길르앗 사람들에게 죽임을 당하고 말았다.

모든 일을 행하기에 앞서 먼저 하나님께 "하리이까? 어떻게 하리이까?" 하나님께 기도로 의논하자. 그리고 일보다 관계를 우선하여 성령 안에서 하나 됨을 힘써 지키도록 하자. 나의 확신이 아무리 하나님 안에서 옳고 강할지라도 일보다 동역자들과의 하나 됨을 이루는 것이 무엇보다 중요하다. **"모든 사람과 더불어 화평함과 거룩함을 따르라 이것이 없이는 아무도 주를 보지 못하리라."**(히12:14) 일의 성패는 하나님의 손에 있고, 우리의 일은 먼저 하나 됨을 이루는 것에 있음을 잊지 말자. 이러한 겸비함이야말로 모든 일을 하나님과 의논하며 살아가는 우리의 삶에 무엇보다 우선되어야 할 믿음의 성품일 것이다. **"우리가 다 하나님의 아들을 믿는 것과 아는 일에 하나가 되어 온전한 사람을 이루어 그리스도의 장성한 분량이 충만한 데까지 이르리니."**(엡4:13) **"온전한 사람을 살피고 정직한 자를 볼지어다 모든 화평한 자의 미래는 평안이로다."**(시37:37)

02

내가 치리이까? 치리이까?

"이스라엘 왕이 그들을 보고 엘리사에게 이르되 내 아버지여 내가 치리이까 내가 치리이까 하니."(왕하6:21)

북 이스라엘 여호람 왕 때였다. 그때에 아람 왕이 이스라엘과 싸우기 위해 그의 신복들과 의논하며 '아무데 아무데 진을 치리라' 하면, 엘리사 선지자가 이를 여호람 왕에게 알려 아람 군대를 방어하기가 한두 번이 아니었다. 이에 아람 왕은 도단에 머물고 있는 엘리사 선지자를 잡으려고 그의 말과 병거와 많은 군사를 보내었다. 도단이 아람의 수많은 군대에 에워싸여 있을 때였다. 사환이 아침에 일찍이 일어나 이를 보고 심히 두려워하자 엘리사는 그에게 말하였다. **"두려워하지 말라 우리와 함께 한 자가 그들과 함께 한 자 보다 많으니라."**(왕하6:16).

엘리사는 **"여호와여 원하건대 그의 눈을 열어서 보게 하옵소서"**(왕하6:17) 하며 하나님께 기도하였다. 이에 하나님이 엘리사의 사환의 눈을 여시자, 그가 보니 불말과 불병거가 산에 가득하여 엘리사를 둘러 있는 것을 보았다. **"여호와의 천사가 주를 경외하는 자를 둘러 진 치고 그들을 건지시는도**

다."(시34:7) 잠시 후 아람 군대가 엘리사에게 내려왔다. 엘리사는 하나님께 **"원하건대 저 무리의 눈을 어둡게 하옵소서"**(왕하6:18) 하며 기도할 때, 하나님은 즉시 아람 사람들의 눈을 어둡게 하셨다. 엘리사는 눈이 멀어버린 그들에게 **"이는 그 길이 아니요 이는 그 성읍도 아니니 나를 따라 오라 내가 너희를 인도하여 너희가 찾는 사람에게로 나아가리라"**(왕하6:19) 하고 그들을 인도하여 사마리아에 이르렀다. 그들이 사마리아에 이르렀을 때 엘리사는 다시 하나님께 기도하였다. **"여호와여 이 무리의 눈을 열어서 보게 하옵소서."**(왕하6:20) 하나님이 다시 아람 군대의 눈을 여시자 그들은 자기들이 사마리아 가운데 있음을 알게 되었다.

이를 본 여호람 왕이 엘리사에게 말하였다. **"내 아버지여 내가 치리이까 내가 치리이까."**(왕하6:21) 엘리사는 왕에게 대답하였다. **"치지 마소서 칼과 활로 사로잡은 자인들 어찌 치리이까 떡과 물을 그들 앞에 두어 먹고 마시게 하고 그들의 주인에게로 돌려보내소서."**(왕하6:22) 왕은 이 말을 듣고 아람 사람들을 위하여 음식을 많이 베풀고, 그들이 먹고 마시게 한 후 놓아 보내어 그들을 아람으로 돌아가게 하였다. 이로부터 아람 군대는 다시는 이스라엘 땅에 들어오지 못하였다. **"네 원수가 배고파하거든 음식을 먹이고 목말라하거든 물을 마시게 하라 그리 하는 것은 핀 숯을 그의 머리에 놓는 것과 일반이요 여호와께서 네게 갚아 주시리라."**(잠25:21~22)

여호람은 북 이스라엘 아합 왕의 아들이었다. 당시 이스라엘은 그들의 불순종으로 기근이 극심하여 나귀 머리 하나에 은 팔십 세겔, 비둘기 똥 사분의 일 갑에 은 다섯 세겔이나 할 정도였다. 여호람 왕은 이러한 기근의 징계 가운데서도 하나님께 회개하고 돌이키기는커녕, 이러한 기근을 엘리사 선지자의 탓으로 돌리며 그를 죽이려 하였다. 그는 결국 엘리사가 기름 부은 예후에 의해 유다 왕 아하시야와 함께 죽임을 당하고 말았다.(왕하9:24) 이처럼 여호람 왕은 하나님의 말씀에 불순종하여 기근과 전쟁의 고통을 겪다가 결국 예후에게 죽임을 당하긴 하였지만, 엘리사 선지자를 통해 주신 하나님의 말씀에 순종하여 사마리아 성 안에까지 들어온 아람 군대를 살려 주었다. "내가 치리이까? 내가 치리이까?" 끊임없이 괴롭히는 원수인 아람 군대를 보복하려는 마음을 내려놓고 하나님의 말씀에 순종하여 그들을 살려 준 것이다. 이 순종으로, 그는 짧은 기간이지만 아람 군대를 막으시는 하나님의 은혜를 누릴 수 있었다. **"왕이 위하여 음식을 많이 베풀고 그들이 먹고 마시매 놓아보내니 그들이 그들의 주인에게로 돌아가니라 이로부터 아람 군사의 무리가 다시는 이스라엘 땅으로 들어오지 못하니라."**(왕하6:23)

우리의 생각에 이해되지 않는 하나님의 말씀에도 우리의 생각을 내려놓고 하나님께 순종하자. "하리이까? 말리이까?" 먼저 하나님의 뜻을 묻고 그 뜻에 순종하여 하나님이 주시는 참 평안을 누리기로 결단하자. **"여호와께서 말씀하시되 악인에게는 평강이 없다 하셨느니라."**(사48:22) **"평안을 너희에게 끼치노니 곧 나의 평안을 너희에게 주노라 내가 너희에게 주는 것은 세상이 주는 것과 같지 아니하니라."**(요14:27)

03

방주의 설계도

"이것이 노아의 족보니라 노아는 의인이요 당대에 완전한 자라 그는 하나님과 동행하였으며."(창6:9)

설계도의 사전적 의미는 '설계자의 의사를 일정한 약속에 의해 그림으로 나타낸 서면으로서, 공사 또는 개발 목적들의 내용을 구체적으로 표시해 놓은 것'이다. 하나의 건물을 지을 때도 설계자가 작성한 설계도에 따라 건물을 짓지 않으면 그 건물은 불법 건축물이 되고 만다.

하나님은 온 우주 만물을 자신의 의도에 따라 설계하시고 창조하셨다. 하지만 인류의 조상 아담이 하나님이 설계하신 그 설계도를 어기고 불법 건축물을 짓듯 하나님께 불순종하였다. 그러나 하나님은 포기하지 않으시고 아담에게 인류의 구원을 약속하셨다. 장차 언약의 자손을 통해 이루실 구원과 만물의 회복에 대한 설계도를 계시하시며 그 일을 이루어가셨다.(히1:1~2)

노아의 방주가 그러하였다. 사람이 땅 위에 번성하기 시작할 때였다. 하나님의 아들들이 사람의 딸들의 아름다움을 보고 자기들이 좋아하는 모든 여자를 아내로 삼았다. 하나님은 온 세상에 사람의 죄악이 관영함을 보시고 한탄하시며, 마침내 그들을 홍수로 심판하기로 작정하셨다. 하나님은 노아에게 말씀하셨다. **"너는 고페르 나무로 너를 위하여 방주를 만들며 그 안에 간들을 막고 역청을 그 안팎에 칠하라 …… 내가 홍수를 일으켜 무릇 생명의 기운이 있는 모든 육체를 천하에서 멸절하리니 땅에 있는 것들이 다 죽으리라 그러나 너와는 내가 내 언약을 세우리니 너는 네 아들들과 네 아내와 네 며느리들과 함께 그 방주로 들어가고 혈육 있는 모든 생물을 너는 각기 암수 한 쌍씩 방주로 이끌어 들여 너와 함께 생명을 보존하게 하되."**(창6:14~19)

노아가 그의 나이 육백 세 되는 해 둘째 달 열이렛날, 큰 깊음의 샘들이 터지며 하늘의 창문들이 열려 비가 사십 주야를 땅에 쏟아졌다. 물이 넘쳐 방주가 물 위에 떠다니고 천하의 모든 산이 다 물에 잠기자, 육지에서 그 코에 생명의 기운이 있는 것은 모두 죽고 말았다. **"홍수 전에 노아가 방주에 들어가던 날까지 사람들이 먹고 마시고 장가들고 시집가고 있으면서 홍수가 나서 그들을 다 멸하기까지 깨닫지 못하였으니 인자의 임함도 이와 같으리라."**(마24:38~39)

노아는 패역한 그 시대 가운데서도 늘 하나님과 동행한 사람이었다. 하나님과 대화하며 하나님과 함께 길을 걸어간 믿음의 사람이었다. 그는 백이십 년 동안 패역한 사람들의 무관심과 조롱과 핍박에도 아랑곳하지 않고, 묵묵히 하나님이 가르쳐 주신 그 설계도대로 순종하며 방주를 지었다. 이로써, 그는 이 세상을 정죄하고 하나님의 변함없는 구원의 사랑과 경륜을 계시하였다. **"옛 세상을 용서하지 아니하시고 오직 의를 전파하는 노아와 그 일곱 식구를 보존하시고 경건하지 아니한 자들의 세상**

에 홍수를 내리셨으며."(벧후2:5)

아브라함도 그러하였다. 아브라함은 이십오 년의 긴 인내의 시간을 거쳐, 마침내 인류 구원의 설계도와도 같은 약속의 자녀인 이삭을 그의 품에 안을 수 있었다.(롬4:17~18) 이삭이 청년이 되었을 무렵, 하나님은 아브라함에게 독자 이삭을 모리아 산으로 데리고 가서 그곳에서 그를 번제물로 바치라고 명령하셨다. 아브라함도 우리와 똑같은 성정을 가진 사람이라면, 이러한 하나님의 말씀을 들었을 때 어찌 염려가 없었을까? 하지만 그동안의 연단을 통해, 그의 영혼에는 신실하신 하나님을 경외하는 살아 있는 믿음의 뿌리가 깊숙이 내려져 있었다. 이러한 아브라함의 믿음을 히브리서에서는 **"하나님이 능히 이삭을 죽은 자 가운데서 살리실 줄로 생각한지라"**(히11:19)라고 기록하고 있다.

아브라함은 하나님의 말씀에 순종하기 위해 먼저 아내 사라와 의논하지 않았다. 만일 아브라함이 먼저 이 일을 아내 사라와 의논하였다면, 그는 하나님이 자신의 아들을 인류의 대속 제물로 내어 주실 구원의 섭리를 계시하는 도구로 쓰임 받을 수 없었을 것이다. 이처럼 이해할 수 없는 하나님의 말씀에도 순종한 아브라함의 그 믿음의 뿌리에는 무엇이 자리 잡고 있었을까? 그것은, 그가 평소에 하나님을 친구 삼아 모든 일을 하나님과 의논하며 하나님과 동행했기 때문일 것이다.

노아가 하나님께 방주의 설계도를 받은 것처럼, 모세도 하나님으로부터 자세히 성막의 설계도를 받았다.(출25:1~31:11). 다윗도 하나님의 영감으로 구체적인 성전의 설계도를 받았다.(대상28:11~12) 구약의 모든 선지자들도 하나님의 친구로서 장차 인류의 구원자로 오실 예수 그리스도를 예언하였다. **"이 구원에 대하여는 너희에게 임할 은혜를 예언하던 선지자들이 연구하고 부지런히 살펴서 자기 속에 계신 그리스도의 영이 그 받으실 고난과 후에 받으실 영광을 미리 증언하여 누구를 또는 어떠한 때를 지시하시는지 상고하니라."**(벧전1:10~11)

방주와 성막과 성전의 설계도는 예수 그리스도의 구원의 설계도와 같다.(히8:5) 친밀한 친구 간에는 비밀을 터놓고 의논한다. 하나님이 자신의 비밀스러운 구원의 설계도를 아무 사람에게나 알려 주실 수는 없을 것이다. 이는, 오직 하나님을 친구 삼아 그와 동행하는 자만이 누릴 수 있는 영광이요 축복일 것이다. 유다 백성들은 불순종하여 바벨론에 포로로 잡혀가고 하나님의 성전마저 황폐화되었지만, 에스겔 선지자는 장차 회복될 영광스러운 예루살렘 성전의 설계도를 받았다.(겔40:1~43:17) 사도 요한 또한 황제들의 핍박 가운데서도 장차 예수님이 오셔서 이루실 새 예루살렘의 영광을 그의 눈으로 친히 보았다.(계21:9~24)

하나님의 친구는 거룩하신 하나님을 최고로 사랑하는 사람이다. 이해할 수 없는 고난 중에서도, 많은 사람들이 하나님을 배신하여 떠날지라도, 그는 변함없는 믿음으로 하나님 한 분만의 영광을 사모한다.(요17:4~5) **"내가 여호와께 바라는 한 가지 일 그것을 구하리니 곧 내가 내 평생에 여호와의 집에 살면서 여호와의 아름다움을 바라보며 그의 성전에서 사모하는 그것이라."**(시27:4) 고난의 때일수록, 그는 영광의 하나님만을 즐거워한다. **"그러므로 너희에게 구하노니 너희를 위한 나의 여러 환난에 대하여 낙심하지 말라 이는 너희의 영광이니라."**(엡3:13) 그는 언제 어디서나, 무슨 일에서든, 친구 되신 하나님의 품에 안겨 겸손히 그의 뜻을 묻고 그 뜻에 순종하는 삶을 즐거워한다.

예수님을 믿는 우리들 또한 하나님의 친구요, 신령한 돌들이다. 우리는 하나님의 설계도에 따라 그가 거하실 거룩한 성전으로 함께 지어져 가고 있음을 잊지 말자. **"그의 안에서 건물마다 서로 연결하여 주 안에서 성전이 되어 가고 너희도 성령 안에서 하나님의 거하실 처소가 되기 위하여 그리스도 예수 안에서 함께 지어져 가느니라."**(엡2:21~22) **"사람에게는 버린 바가 되었으나 하나님께는 택하심을 입은 보배로운 산 돌이신 예수께 나아가 너희도 산 돌 같이 신령한 집으로 세워지고 예수 그리스도로 말미암아 하나님이 기쁘게 받으실 신령한 제사를 드릴 거룩한 제사장이 될지니라."**(벧전2:4~5)

04

멸망할 영혼들의 중보자

"아브라함이 또 이르되 주는 노하지 마옵소서 내가 이번만 더 아뢰리이다 거기서 십 명을 찾으시면 어찌 하려 하시나이까 이르시되 내가 십 명으로 말미암아 멸하지 아니하리라."(창18:32)

하나님은 아브람이 구십구 세 때에 그에게 찾아오셔서 그의 이름을 '아브라함'이라 고쳐 부르셨다. 하나님은 그와 할례의 언약을 맺으시고 그의 아내 사라를 통해 아들을 주실 것을 약속하셨다. 그 아들의 이름을 '이삭'이라 하라고 말씀하셨다.(창17:19) 이 일이 있은 뒤, 하나님은 어느 날 두 천사와 함께 아브라함에게 찾아오셔서 내년 이맘때에 그에게 아들을 주실 것을 재차 말씀하셨다. 하나님은 아울러 소돔과 고모라를 심판하실 것을 말씀하셨다.

이때 아브라함은 다섯 번에 걸쳐 간절히 하나님의 긍휼을 구하였다. 소돔과 고모라의 구원을 위해 하나님께 탄원의 간구를 드렸다. 물론 그것의 직접적인 이유는 소돔 땅에 사는 그의 조카 롯과 그의 가족을 위해서였다. **"주는 노하지 마옵소서 내가 이번만 더 아뢰리이다 거기서 십 명을**

찾으시면 어찌 하려 하시나이까 이르시되 내가 십 명으로 말미암아 멸하지 아니하리라."(창18:32) 하지만 아브라함의 끈질긴 탄원의 간구에도 불구하고, 마침내 소돔 땅은 의인 열 명도 없는 죄악이 관영한 땅으로 하나님의 심판을 받게 된다. 비록 하나님의 말씀을 농담으로 여긴 롯의 사위가 소돔 백성과 함께 멸망하고, 뒤를 돌아본 그의 아내마저 소금 기둥이 되긴 하였지만, 롯과 그의 두 딸이 구원받은 것은 아브라함의 이 탄원의 기도에 대한 하나님의 응답임은 분명하다.

하나님께 탄원하는 아브라함의 이 끈질긴 간구의 능력은 어디에서 비롯된 것일까? 그것은 아브라함에게만큼은 숨기지 않으시고 소돔과 고모라의 심판에 대한 자신의 비밀을 알려 주신 하나님의 은혜 때문이었을 것이다. **"나의 벗 아브라함의 자손아."**(사41:8) 우정은 대화로부터 시작되고 자라간다. 말하기보다 들어 주는 친구가 좋은 친구이다. 아브라함은 한없는 사랑으로 그를 용납해 주시는 하나님과의 친밀한 우정을 누렸기에, 그는 멸망 직전의 롯과 롯의 가정을 구원하는 중보자의 사명을 감당할 수 있었다. **"내가 하려는 것을 아브라함에게 숨기겠느냐."**(창18:17)

모세 또한 아브라함처럼 하나님의 친구라 불리어졌다. 모세는 시내 광야에 이르렀을 때 하나님께 십계명을 받기 위해 시내 산으로 올라갔다. 그가 더디 내려오자, 이스라엘 백성들은 산 아래에서 금송아지 우상을 만들어 하나님을 거역하였다. 하나님은 이를 보시고 크게 진노하셔서 그들을 단번에 멸망시키려 하셨다. 모세는 즉시 하나님께 나아가 그들의 속죄를 위해 탄원의 간구를 드렸다. **"이제 그들의 죄를 사하시옵소서 그렇지 아니하시오면 원하건대 주께서 기록하신 책에서 내 이름을 지워**

버려 주옵소서."(출32:32) 하나님은 모세의 기도를 들으시고 이스라엘 백성들을 용서하셨다. 이 일 뒤에, 모세는 장막을 취하여 그것을 이스라엘 백성들이 머무는 진영 밖에 쳐서 진영과 멀리 떠나게 하고, 그 이름을 회막이라 하였다. 거룩하신 하나님이 금송아지 사건으로 부정하게 된 이스라엘 백성들의 진영 가운데 계실 수 없음을 알았기 때문이다. 하나님은 이 회막에서 사람이 그의 친구와 이야기하는 것과 같이 모세와 대면하여 말씀하셨다.(출33:11)

바울도 그러하였다. 바울은 다메섹 도상에서 부활하신 예수님을 만나 그의 눈을 가리고 있던 율법의 의가 벗겨지자, 그는 즉시 예수님을 전하는 사람으로 변화되었다.(행9:15~18) 동족 이스라엘 백성들이 율법의 의를 자랑하며 하나님의 의가 되시는 예수님을 부인할 때(롬9:31~32), 그의 마음에는 큰 근심과 그치지 않는 고통이 있었다. 그는 자신이 저주를 받아 그리스도에게서 끊어질지라도 그들의 구원을 원하는 간절한 마음이 있었다.(롬9:1~3) 우리는 바울을 통해, 하나님의 영광에 사로잡힌 한 사람이 얼마나 하나님께 기쁨이 되는지를 깨달을 수 있다. 또한 하나님은 그 한 사람을 통해 인류의 구원 역사를 친히 이루어가고 계심을 배울 수 있다. 바울에게 이 마음을 주신 하나님은 이미 오래전 에스겔 선지자를 통해 이렇게 말씀하셨다. **"이 땅을 위하여 성을 쌓으며 성 무너진 데를 막아서서 나로 하여금 멸하지 못하게 할 사람을 내가 그 가운데에서 찾다가 찾지 못하였으므로 내가 내 분노를 그들 위에 쏟으며 내 진노의 불로 멸하여 그들 행위대로 그들 머리에 보응하였느니라."**(겔22:30~31)

어느 역사학자는 '만일 웨슬리가 없었더라면 영국도 프랑스 대혁명과 같은 큰 혁명의 격동을 거쳤을 것이다'라는 말을 하였다. 하나님의 섭리 가운데, 영적으로 깨어 있는 믿음의 한 사람이 한 국가의 운명과 세계 역사의 흐름을 좌우할 수 있음을 시사하는 말이다. 이 세상 나라들의 영광은 금과 은, 쇠와 놋, 진흙과 같은 것이요, '손대지 아니한 돌' 되시는 예수님에 의해 결국에는 부서지고 없어질 영광에 불과하다. 하지만 예수님의 나라는 영원한 영광의 나라이다. **"그때에 쇠와 진흙과 놋과 은과 금이 다 부서져 여름 타작마당의 겨 같이 되어 바람에 불려 간 곳이 없었고 우상을 친 돌은 태산을 이루어 온 세계에 가득하였나이다."**(단2:35)

하나님은 오늘도 멸망할 영혼들의 길을 막아서서 그들을 위해 하나님께 탄원의 간구를 드리는 한 사람을 찾고 계신다.(대하6:29, 렘5:1, 호7:7) 아브라함처럼 우리 주위의 잃어버린 영혼들의 구원을 위해 하나님과 의논하며 탄원의 간구를 드리는 한 사람을 찾고 계신다. **"예루살렘이여 내가 너의 성벽 위에 파수꾼을 세우고 그들로 하여금 주야로 계속 잠잠하지 않게 하였느니라 너희 여호와로 기억하시게 하는 자들아 너희는 쉬지 말며 또 여호와께서 예루살렘을 세워 세상에서 찬송을 받게 하시까지 그로 쉬지 못하시게 하라."**(사62:6~7) 이러한 사람은, 이미 이 땅에서도 진정 하나님과 친구된 아브라함의 복을 누리며 살아갈 것이다. **"사람이 친구를 위하여 자기 목숨을 버리면 이보다 더 큰 사랑이 없나니 너희는 내가 명하는 대로 행하면 곧 나의 친구라."**(요15:13~14)

05

온유한 자의 복

"이삭이 그의 아내가 임신하지 못하므로 그를 위하여 여호와께 간구하매 여호와께서 그의 간구를 들으셨으므로 그의 아내 리브가가 임신하였더니."(창25:21)

예수님은 산상수훈에서 **"온유한 자는 복이 있나니 그들이 땅을 기업으로 받을 것임이요"**(마5:5)라고 그를 따르는 제자들을 가르치셨다. 성경에도 이런 온유한 삶을 살다 간 사람이 나온다. 이삭이 그런 사람이었다. 그는 밧단아람의 리브가를 아내로 맞이한 뒤 이십 년이라는 오랜 세월을 기다렸지만, 하나님은 그에게 아들을 주시지 않았다. 이십 년이라는 오랜 인내의 세월이 지난 어느 날이었다. 이삭은 조용히 하나님께 나아가 아내 리브가의 태의 문을 열어 주실 것을 간구하였다. 마침내 리브가가 임신하여, 이삭은 두 아들 야곱과 에서를 얻게 되었다. 이삭의 온유한 성품은 또 다른 사건에서도 엿볼 수 있다.

어느 날, 블레셋 사람들이 이삭을 시기하여 그가 판 우물들을 따라다니며 메꾸어 버렸다. 하지만 이삭은 끝까지 그들과 싸우지 않았다.

그는 아무 말 없이 장소를 옮겨 마침내 르호봇에 이르러, 그곳에서 우물을 파 다시 물 근원을 얻었다. 이것을 본 블레셋 사람들은 하나님이 그와 함께 하심을 보고는 그제서야 그와의 싸움을 멈추었다. 그 뒤 이삭이 브엘세바로 올라갔을 때, 하나님이 밤에 그에게 나타나셨다. 그의 아버지 아브라함과 맺으신 언약을 그를 통해 이루실 것을 다시 약속하셨다. 온유한 이삭이 영광스러운 하나님의 기업의 복을 받은 것이다. **"그러나 온유한 자들은 땅을 차지하여 풍성한 화평으로 즐거워하리로다."**(시37:11)

반면, 야곱의 경우를 보자. 야곱이 밧단아람에 거주할 때였다. 그의 아내 라헬이 언니 레아와 달리 잉태하지 못하자, 그녀는 야곱에게 **"내게 자식을 낳게 하라 그렇지 아니하면 내가 죽겠노라"**(창30:1)라며 불평의 말을 내뱉었다. 성경은 이 말을 들은 야곱의 반응을 이렇게 기록하고 있다. **"야곱이 라헬에게 성을 내어 이르되 그대를 임신하지 못하게 하시는 이는 하나님이시니 내가 하나님을 대신하겠느냐."**(창30:2) 동일한 상황이었지만, 이삭은 잉태하지 못하는 아내 리브가의 심정을 미리 헤아려 그 문제를 조용히 하나님께 들고 나아가 기도한 온유의 사람이었다. 하지만 야곱은 라헬의 심정을 헤아리기는커녕, 그녀가 불평할 때 그 문제를 하나님께 의논하지도 않고 아내와 싸우는 온유하지 못한 성품을 가지고 있었다. **"남편들아 이와 같이 지식을 따라 너희 아내와 동거하고 그를 더 연약한 그릇이요 또 생명의 은혜를 함께 이어받을 자로 알아 귀히 여기라 이는 너희 기도가 막히지 아니하게 하려 함이라."**(벧전3:7)

모세도 그러하였다. 모세는 바로의 공주의 아들로 있을 당시에는 그의 히브리 동족을 괴롭히는 애굽인을 쳐 죽인 혈기의 사람이었다. 하지만 사십 년 미디안 광야의 연단을 거친 뒤, 그는 하나님의 손에 들려 쓰임 받을 수 있는 온유한 사람으로 변화되었다. 민12:1~3에는 모세의 이러한 온유함을 "모세의 온유함이 지면의 모든 사람보다 승하더라"라고 기록하고 있다. 모세가 구스 여인을 취한 일로 미리암과 아론이 그를 비방할 때였다. 모세는 그들을 대항하지 않고 잠잠히 하나님만 바라보았다. 그때 온유하지 못한 미리암은 하나님의 징계를 받아 문둥병이 들고 말았다. 그리고 미리암은 모세의 기도로 이레가 지나서야 그의 문둥병에서 겨우 고침 받을 수 있었다. 모세는 고라와 회중의 지휘관들이 그를 대적할 때에도, 그는 하나님의 지시를 받을 때까지 하나님 앞에 잠잠히 엎드려 있었다.(민16:4)

예수님의 제자 베드로와 야고보, 요한의 경우를 보자. 예수님은 장차 예루살렘에 올라가 종교 지도자들에게 많은 고난을 받아 죽임을 당하고 제 삼일에 살아나야 할 것을 비로소 제자들에게 말씀하셨다. 베드로는 이때 **"주여 그리 마옵소서 이 일이 결코 주께 미치지 아니하리이다"**(마16:22)라며 예수님을 붙들고 항변한 혈기의 사람이었다. 하지만 베드로는 순교의 제물이 되기 전 소아시아의 교회들에게 편지하면서 이렇게 권면하고 있다. **"너희 마음에 그리스도를 주로 삼아 거룩하게 하고 너희 속에 있는 소망에 관한 이유를 묻는 자에게는 대답할 것을 항상 준비하되 온유와 두려움으로 하고."**(벧전3:15). 또한 요한과 야고보도 사마리아 사람들이 예수님이 그곳을 지나가시는 길을 허용하지 않자, 예수님께 구하기를 **"주여 우리가 불을 명하여 하늘로부터 내려 저들을 멸하라 하기를 원하시나이**

까"(눅9:54)라고 말한 혈기의 사람들이었다. 야고보는 헤롯에 의해 순교를 당했지만, 오랜 시간이 지나 온유함의 열매를 맺은 사도 요한은 이렇게 성도들을 권면하고 있다. **"사랑은 여기 있으니 우리가 하나님을 사랑한 것이 아니요 하나님이 우리를 사랑하사 우리 죄를 속하기 위하여 화목 제물로 그 아들을 보내셨음이라 사랑하는 자들아 하나님이 이같이 우리를 사랑하셨은즉 우리도 서로 사랑하는 것이 마땅하도다."**(요일4:10~11)

예수님은 온유한 자가 복이 있다고 말씀하셨다. 이삭과 야곱, 그리고 모세와 사도들의 삶을 볼 때, 우리는 다시 한 번 이 말씀이 진리임을 확신할 수 있다. 야곱은 그의 고백대로 험악한 인생을 살았지만, 이삭과 모세는 야곱에 비해 비교적 순탄한 삶을 산 것을 보아도 이를 확인할 수 있다. **"야곱이 바로에게 이르되 내 나그네 길의 세월이 백삼십 년이니이다 내 나이가 얼마 못 되니 우리 조상의 나그네 길의 연조에 미치지 못하나 험악한 세월을 보내었나이다."**(창47:9) **"이삭이 그 땅에서 농사하여 그 해에 백 배나 얻었고 여호와께서 복을 주시므로 그 사람이 창대하고 왕성하여 마침내 거부가 되어."**(창26:12~13). 이러한 이삭의 복된 삶은 어떤 상황에서도 겸손히 하나님의 주권 앞에 엎드린 그의 온유한 성품에 기인했을 것이다. 이러한 예수님의 온유함으로, 사도들 또한 숱한 고난 중에서도 예수님이 맡기신 자신의 십자가를 지고 가는 영광스러운 순교의 삶을 살아갈 수 있었을 것이다.

온유한 자는 오늘날에도 이러한 하늘의 복과 영광을 누릴 수 있다. 하나님은 우리로 하여금 이 복을 누리도록 하시기 위해, 우리를 연단하시고 우리에게 때때로 '의의 고난'이라는 영광을 선물로 주신다. **"온**

유한 자를 정의로 지도하심이여 온유한 자에게 그의 도를 가르치시리로다."(시 25:9) **"그러므로 너희에게 구하노니 너희를 위한 나의 여러 환난에 대하여 낙심하지 말라 이는 너희의 영광이니라."**(엡3:13)

06
하나님과 의논하는 야곱

"야곱이 밧단아람에서 돌아오매 하나님이 다시 야곱에게 나타나사 그에게 복을 주시고."(창35:9)

인생은 크게 두 부류로 나누어진다고 본다. 한 부류는 인생의 문제를 하나님과 의논하며 사는 사람이요, 한 부류는 자신의 지혜와 경험, 그리고 세상의 풍조와 의논하며 사는 사람이다. **"전능자가 누구이기에 우리가 섬기며 우리가 그에게 기도한들 무슨 소용이 있으랴 하는구나."**(욥21:15) 신앙은 자신과 세상의 풍조와 의논하며 사는 삶에서 하나님과 의논하는 삶으로 돌이키는 시점에서 시작된다. 나아가, 신앙의 성숙은 얼마나 자주, 얼마나 친밀하게 하나님과 의논하며 사느냐의 문제에 달려 있다.

야곱은 형, 에서의 장자권을 속여 취한 일로 인해 밧단아람으로 가서 외삼촌의 라반의 집에서 목축을 하며 많은 고난을 겪게 된다. 이십 년 뒤, 그는 하나님의 축복으로 두 아내와 두 명의 첩, 그리고 열한 명의 자녀와 함께 많은 가축을 이끌고 가나안으로 돌아오게 된다. **"야곱이 아람의 들로 도망하였으며 이스라엘이 아내를 얻기 위하여 양을 쳤고."**(호

12:12) 돌아오는 길에 야곱은 에서 형이 사백 명의 군사를 데리고 그를 보복하러 온다는 소식을 듣게 된다. 야곱은 브니엘에서 밤 새워 하나님과 기도로 씨름하였다. **"당신이 내게 축복하지 아니하면 가게 하지 아니하겠나이다."**(창32:26) 그리고 야곱은 하나님의 은혜로 형 에서와 극적으로 화해를 이루게 된다.(창33:4)

이 일 후에, 야곱은 그가 밧단아람으로 도망갈 때 하나님께 서원한 벧엘로 곧장 올라가지 않고 세겜 땅에 장막을 치고 그곳에 정주하게 된다. 그즈음, 야곱의 딸 디나가 그 땅의 추장 세겜에게 강간을 당하는 어려움을 겪게 되고, 이에 대한 그의 아들들의 보복으로 야곱과 그의 가족은 풍전등하의 위기에 놓이게 된다. 하나님은 야곱이 벧엘로 돌아오기 전까지는, 그가 밧단아람에서 돌아온 것으로 여기지 아니하셨다. **"야곱이 밧단아람에서부터 평안히 가나안 세겜 성읍에 이르러 그 성읍 앞에 장막을 치고."**(창33:18) 그리고 야곱이 형 에서의 손에서 건짐 받고 평안히 세겜 성읍에 이르렀지만, 그가 누리는 그 평안은 잠시뿐이었다. 딸 디나의 강간당하는 일과 세겜 백성들과의 전쟁이 그를 기다리고 있었기 때문이다.

하나님은 이런 극한 고난의 때에 야곱에게 나타나 말씀하셨다. **"일어나 벧엘로 올라가서 거기 거주하며 네가 네 형, 에서의 낯을 피하여 도망하던 때에 네게 나타났던 하나님께 거기서 제단을 쌓으라."**(창35:1) 하나님은 야곱이 벧엘에 올라가 그곳에 제단을 쌓고 하나님의 이름을 불렀을 때, 다시 그에게 나타나 그에게 복을 주셨다. **"야곱이 밧단아람에서 돌아오매 하나님이 다시 그에게 나타나사 그에게 복을 주시고 …… 나는 전능한 하나님이**

라 생육하며 번성하라 한 백성과 백성들의 총회가 네게서 나오고 왕들이 네 허리에서 나오리라."(창 35:9~11)

그 뒤, 야곱은 다른 아들들의 시기로 그가 총애하는 아들 요셉과 생이별을 하게 된다. 그리고 요셉은 형들에 의해 애굽에 종으로 팔려갔지만, 십삼 년이 지나 하나님의 은혜로 마침내 애굽의 총리가 된다. 가나안 땅에 기근이 들자, 야곱은 애굽에 양식이 있다는 소식을 듣고는 양식을 얻으러 그의 아들들을 애굽으로 보낸다. 우여곡절 끝에, 마침내 야곱은 애굽의 총리가 된 아들 요셉의 초청으로 온 가족들과 함께 애굽으로 이주하게 된다. 이때 야곱은 애굽으로 떠나기 전에 먼저 브엘세바로 올라가 하나님께 희생을 드렸다. 애굽으로 가는 것이 하나님의 뜻인지의 여부를 묻기 위해서였다. 하나님은 야곱에게 말씀하셨다. **"나는 하나님이라 네 아버지의 하나님이니 애굽으로 내려가기를 두려워하지 말라 내가 거기서 너로 큰 민족을 이루게 하리라 내가 너와 함께 애굽으로 내려가겠고 반드시 너를 인도하여 다시 올라올 것이며 요셉이 그의 손으로 네 눈을 감기리라."**(창46:3~4)

야곱의 이러한 모습에서, 우리는 그가 연단을 통해 하나님과 의논하는 믿음의 조상으로 변화된 일면을 보게 된다. 자신의 지혜와 환경과 의논하던 야곱이 마침내 하나님과 의논하는 사람으로 변화된 것이다. 이처럼, 신앙의 성숙은 모든 일을 하나님과 의논하며, 하나님의 뜻에 순종하고자 하는 마음의 변화와 그 깊이에 달려 있다. 하나님과 의논하는 삶은 우리로 하여금 지렁이 같은 '야곱의 삶'에서 영광스러운 '이스라엘의 삶'으로 나아가게 하기 때문이다. **"이스라엘의 거룩하신 이 곧 이**

스라엘을 지으신 여호와께서 이같이 이르시되 너희가 장래 일을 내게 물으며 또 내 아들들과 내 손으로 한 일에 관하여 내게 명령하려느냐."(사45:11) **"버러지 같은 너 야곱아 너희 이스라엘 사람들아 두려워하지 말라 나 여호와가 말하노니 내가 너를 도울 것이라 네 구속자는 이스라엘의 거룩한 이이니라."**(사41:14)

하나님이 욥을 단련하신 것도 그러하였다. 하나님은 욥이 어떤 고난의 상황 가운데서도 자신의 의와 지혜를 내려놓고, 하나님의 주권과 능력을 인정하는 겸비의 마음을 가지기를 원하셨다. 나아가 이해할 수 없고 감당할 수 없는 극한 환난 중에서도 먼저 하나님의 뜻을 묻고, 그 뜻을 알아 잠잠히 인내하며 순종하는 마음을 가지기를 원하셨다. **"그러므로 내가 스스로 거두어들이고 티끌과 재 가운데에서 회개하나이다."**(욥42:6)

하나님은 노아 시대에 **"사람의 죄악이 세상에 가득함과 그의 마음으로 생각하는 모든 계획이 항상 악할 뿐임을 보시고 땅 위에 사람 지으셨음을 한탄하사 마음에 근심하시고"**(창6:5~6) 그들을 홍수로 멸하기를 작정하셨다. 여기서 '계획'이라는 단어와 '지으셨음'이라는 단어는 동일하게 '**יצר**'의 동사형과 명사형이다. 이를 통해, 우리는 토기장이이신 하나님은 우리의 육신을 흙으로 지으셨듯, 고난을 통해 우리의 마음을 그의 아들 예수 그리스도의 형상을 닮아가도록 성형 수술하고 계심을 알 수 있다. **"나의 자녀들아 너희 속에 그리스도의 형상을 이루기까지 다시 너희를 위하여 해산하는 수고를 하노니."**(갈4:19) 또한 자신의 지혜나 세상의 풍조와 의논하는 우리를 하나님과 의논하는 사람으로 변화시켜 가고 계심을 알 수 있다. 고난은 우리의 마음을 이 세상에서 저 하늘 보좌에 계신 예수님께로 향하게 하기 때문이다. **"그리스도께서 이미 육체의 고난을 받으셨으니**

너희도 같은 마음으로 갑옷을 삼으라 이는 육체의 고난을 받은 자는 죄를 그쳤음이니 그 후로는 다시 사람의 정욕을 따르지 않고 하나님의 뜻을 따라 육체의 남은 때를 살게 하려 함이라."(벧전4:1~2)

07

말 못하는 자

"모세가 여호와께 아뢰되 오 주여 나는 본래 말을 잘 하지 못하는 자니이다 주께서 주의 종에게 명령하신 후에도 역시 그러하니 나는 입이 뻣뻣하고 혀가 둔한 자니이다."(출4:10)

모세는 하나님의 기적 같은 도우심으로 나일 강에서 구원을 받아 바로의 공주의 아들이 된다. 모세는 그의 나이 사십이 되었을 때 자기 형제들에게 나아가서 그들이 고되게 노동하는 것을 보게 된다. 그때 어떤 애굽 사람이 히브리 사람을 치는 것을 보고, 모세는 그 애굽 사람을 쳐 죽여 모래 속에 감춘다. 이튿날 그가 다시 나가보니, 이번에는 두 히브리 사람이 서로 싸우고 있었다. 모세가 그 잘못한 사람에게 **"네가 어찌하여 동포를 치느냐"**(출2:13)고 하자, 그 히브리인이 모세에게 **"누가 너를 우리를 다스리는 자와 재판관으로 삼았느냐 네가 애굽 사람을 쳐 죽인 것처럼 나도 죽이려느냐"**(출2:14)라고 말했다.

모세는 그가 사람을 죽인 것이 탄로 난 것 때문에 바로를 두려워하여 미디안 땅으로 도망을 간다. 그는 그곳에서 미디안 제사장 르우엘의 딸 십보라를 아내로 삼고, 사십 년간 장인 집의 양 떼를 치며 두 아들을 낳고 지내게 된다. 하루는 그가 양 떼를 광야 서쪽으로 인도하여 하나님의 산 호렙에 이르렀을 때였다. 하나님의 사자가 떨기나무 가운데로부터 나오는 불꽃 안에서 그에게 나타나셨다. 하나님이 모세에게 말씀하셨다. **"이제 가라 이스라엘 자손의 부르짖음이 내게 달하고 애굽 사람이 그들을 괴롭히는 학대도 내가 보았으니 이제 내가 너를 바로에게 보내어 너에게 내 백성 이스라엘 자손을 애굽에서 인도하여 내게 하리라."**(출3:9~10) 하지만 모세는 하나님께 **"내가 누구이기에 바로에게 가며 이스라엘 자손을 애굽에서 인도하여 내리이까"**(출3:11)라며 거듭 하나님의 부르심에 머뭇거린다. 하나님은 모세에게 여러 표적을 행하시며 그와 함께 하심을 보여 주셨으나, 그는 여전히 머뭇거렸다. **"오, 주여 나는 본래 말을 잘 하지 못하나이다 주께서 주의 종에게 명하신 후에도 역시 그러하니 나는 입이 뻣뻣하고 혀가 둔한 자니이다."**(출4:10) 하나님은 그에게 노하시며, 형 아론을 그 대신 말하게 할 것이니 애굽으로 가라고 말씀하셨다. 결국 팔십 세 노인 모세는 하나님의 부르심에 순종하여 이스라엘을 구원하기 위해 양을 치던 그의 지팡이를 들고 애굽으로 향하게 된다.

사도행전의 스데반의 설교에는 **"모세가 애굽의 모든 지혜를 배워 그의 말과 하는 일이 능하였다"**(행7:22)는 말씀이 나온다. 출애굽기와 사도행전의 말씀을 고려해 볼 때, 모세는 사십 세까지 애굽의 모든 지혜와 학문을 배워 말과 일에 능한 자였음을 알 수 있다. 또한 하나님은 사십 년 미디안 광야 생활을 통해, 모세가 그 스스로 벙어리라고 고백할 만큼 그를 낮추시고 겸비한 사람으로 세워 가셨음을 알 수 있다. **"내 형제들아 너희는 선생된 우리가 더 큰 심판을 받을 줄 알고 선생이 많이 되지 말라 우**

리가 다 실수가 많으니 만일 말에 실수가 없는 자라면 곧 온전한 사람이라 능히 온 몸도 굴레 씌우리라."(약3:1~2)

오늘날에도 세상은 사람들을 바벨탑 꼭대기에 세운 뒤 종국에는 그들을 흑암의 무덤으로 내려가게 한다. **"네가 네 마음에 이르기를 내가 하늘에 올라 하나님의 뭇 별 위에 내 자리를 높이리라 내가 북극 집회의 산 위에 앉으리라 가장 높은 구름에 올라가 지극히 높은 이와 같아지리라 하는도다 그러나 이제 네가 스올 곧 구덩이 맨 밑에 떨어짐을 당하리로다."**(사14:13~15) 하지만 하나님은 그의 자녀들을 먼저 무덤까지 낮추시고 깨뜨리신 다음, 하늘의 능력으로 바벨탑 같은 세상을 다스리게 하신다. **"그러므로 보라 내가 그를 타일러 거친 들로 데리고 가서 말로 위로하고 거기서 비로소 그의 포도원을 그에게 주고 아골 골짜기로 소망의 문을 삼아 주리니 그가 거기서 응대하기를 어렸을 때와 애굽 땅에서 올라오던 날과 같이 하리라."**(호2:14~15)

모세가 출애굽 이후 사십 년 가까이 그 숱한 고난을 당하고, 또 이스라엘 백성들의 끊임없는 원망에도 불구하고 묵묵히 하나님이 맡기신 사명을 감당할 수 있었던 그의 능력의 비밀은 무엇일까? 그것은 모세가 그의 활짝 열린 귀로 잠잠히 하나님의 말씀만을 듣고, 그 말씀만을 전하며 하나님과 사람들 앞에서 침묵을 지켰기 때문일 것이다. 여호수아와 이스라엘 백성들이 여리고 성 전투에서 승리한 것 역시, 그들이 오직 하나님의 언약궤를 맨 제사장들의 나팔 소리에만 귀 기울이며 잠잠히 그 뒤를 따랐기 때문일 것이다. 하나님은 지금도 그의 말씀으로 우리를 거듭 경계하고 계신다. **"누구든지 스스로 경건하다 생각하며 자기 혀를 재갈 물리지 아니하고 자기 마음을 속이면 이 사람의 경건은 헛것이**

라."(약1:26) **"만일 누가 말하려면 하나님의 말씀을 하는 것 같이 하고."**(벧전4:11)

예수님의 공생애도 그러하셨다. 예수님은 자신을 비난하는 많은 군중들의 말에는 일절 대꾸하지 않고 침묵하셨다.(마26:62) **"그가 곤욕을 당하여 괴로울 때에도 그의 입을 열지 아니하였음이여 마치 도수장으로 끌려가는 어린 양과 털 깎는 자 앞에서 잠잠한 양 같이 그의 입을 열지 아니하였도다."**(사53:7). 하지만 대제사장이 **"네가 하나님의 아들 그리스도인지 우리에게 말하라"**(마26:63)고 물었을 때, 예수님은 단호히 **"내가 너희에게 이르노니 인자가 권능의 우편에 앉아 있는 것과 하늘 구름을 타고 오는 것을 너희가 보리라"**(마26:64)고 대답하셨다. 예수님은 자신이 '하나님의 아들'이라는 이 비 진리에는 죽음을 두려워하지 않고 타협하지 않으셨다. 침묵의 위대함은 이처럼 '비리에 관한 수다한 정죄의 말들'에 침묵하는 데서 드러난다.

비 진리에 관한 다른 사람의 정죄의 말들에는 침묵하고, 진리에 대해서는 단호히 변호자와 증인의 입이 되자. **"거짓 증인은 패망하려니와 확실히 들은 사람의 말은 힘이 있느니라."**(잠21:28) 다른 사람의 말은 하나님의 말씀의 그물로 걸러서 듣고, 내가 하는 말은 하나님이 나의 입을 통해 말씀하시는 것처럼 말하는 지혜를 구하자. 우리의 열린 귀로 잠잠히 하나님의 말씀만을 듣고 그 말씀을 친구 삼아 하나님과 의논하며 광야와 같은 이 세상을 살아가자. 사람에게 말을 하는 만큼 하나님과 의논하는 시간을 잃어버린다는 사실을 기억하자. 말하는 시간 동안은 하나님의 말씀에 열려야 할 우리의 귀는 닫힌다는 사실을 늘 명심하자. **"내 사랑하는 형제들아 너희가 알지니 사람마다 듣기는 속히 하고 말하기는 더디 하며 성내기도 더디 하라."**(약1:19)

08

모세의 나무

"백성이 모세에게 원망하여 이르되 우리가 무엇을 마실까 하매 모세가 여호와께 부르짖었더니 여호와께서 그에게 한 나무를 가리키시니 그가 물에 던지니 물이 달게 되었더라."(출15:24~25)

하나님은 홍해를 갈라 이스라엘 백성들을 마른 땅으로 건너게 하시고, 그들을 추격하는 애굽 병사들을 바다에 수장시키셨다. 이스라엘 백성들은 하나님의 큰 구원의 은혜를 체험하고는 하나님을 뜨겁게 찬양하였다. 하지만 그들이 마라에 이르렀을 때, 그곳 물이 써서 마시지 못하게 되자 그들은 금새 그 은혜를 잊어버리고 하나님을 원망하였다. 하나님은 기도하는 모세에게 마라 근처에 있는 한 나뭇가지를 가리키시고, 모세가 그것을 물에 던져 마라의 쓴 물이 단물이 되게 하셨다. **"엘리사가 물 근원으로 나아가서 소금을 그 가운데에 던지며 이르되 여호와의 말씀이 내가 이 물을 고쳤으니 이로부터 다시는 죽음이나 열매 맺지 못함이 없을지니라 하셨느니라 하니 그 물이 엘리사가 한 말과 같이 고쳐져서 오늘까지 이르렀더라."**(왕하2:21~22)

하나님은 왜 이스라엘 백성들의 눈에는 아무 쓸모없어 보이는 한 나뭇가지를 모세의 손에 쥐여 주셔서, 그것으로 마라의 쓴 물을 단물로 바꾸셨을까? 그것은 고난의 때마다 하나님과 의논하는 모세의 겸비함으로 그들을 교훈하시기 위함이 아니었을까? 그들이 엘림('나무들'이란 의미)에 이르렀을 때, 하나님은 모세에게 종려 칠십 주와 물 샘 열둘이 있는 오아시스의 온전한 축복과 안식을 허락하셨다. **"겸손한 자는 먹고 배부를 것이며 여호와를 찾는 자는 그를 찬송할 것이라."**(시23:26) 겸손은 고난 중에도 하나님을 신뢰하며 불평 대신 감사의 무릎으로 하나님을 찾는 데 있다. 하나님은 오늘도 그 감사의 무릎 너머 엘림을 예비해 놓으시고 우리를 기다리고 계신다.

다니엘이 그러하였다. 다리오 왕 시대에 바사의 총리들과 고관들은 다니엘을 시기하였다. 그들은 왕에게 한 금령을 구하여 다니엘을 죽이려고 계획하였다. 삼십일 동안에 왕 외의 어떤 신에게나 사람에게 무엇을 구하면 그 사람을 사자 굴에 던져 넣기로 하는 것이었다. 다니엘은 이 조서에 왕의 도장이 찍힌 것을 알고도, 자기 집에 돌아가서는 윗방에 올라가 예루살렘으로 향한 창문을 열고 전에 하던 대로 하루 세 번씩 무릎을 꿇고 하나님께 감사하며 기도하였다.(단6:10) 다니엘은 이를 본 바사 고관들의 모함으로 즉시 사자 굴에 던져졌다. 하지만 하나님은 천사를 보내어 사자의 입을 봉하시고 다니엘을 사자 굴에서 건져 주셨다. 다니엘을 통해 온 바사 제국에 살아 계신 하나님 자신의 영광을 나타내셨다. **"내가 노래로 하나님의 이름을 찬송하며 감사함으로 하나님을 위대하시다 하리니 이것이 소 곧 뿔과 굽이 있는 황소를 드림보다 여호와를 더욱**

기쁘시게 함이 될 것이라."(시69:30~31) **"환난 날에 나를 부르라 내가 너를 건지리니 네가 나를 영화롭게 하리로다."**(시50:15) 환난이 크면 클수록, 하나님은 감사로 그를 찾는 자를 통하여 더 큰 영광을 받으신다.

원망할 수밖에 없는 허기지고 목마른 광야의 여정에서, 모세와 다니엘 같이 하나님의 선하심을 의지하며 모든 일을 하나님과 의논하자. 마라와 같은 쓴 물 가득한 이 세상에서도 날마다 엘림의 복을 누리며 살아가자. 사자 굴 같은 칠흑의 어둠 속에서도 감사의 기도로 승리하여 하나님께 영광을 돌리자. **"아무 것도 염려하지 말고 다만 모든 일에 기도와 간구로 너희 구할 것을 감사함으로 하나님께 아뢰라 그리하면 모든 지각에 뛰어난 하나님의 평강이 그리스도 예수 안에서 너희 마음과 생각을 지키시리라."**(빌4:6~7) 바울은 실라와 함께 깊고 어두운 빌립보 감옥에 갇혔지만, 이 고백대로 하나님께 기도하며 찬송하였다. 하나님은 지진을 일으켜 그들이 갇힌 옥문을 여시고 간수의 온 집이 구원 받게 하셨다.

하나님은 이미 영원한 엘림의 나라, 천국을 우리 위해 예비해 놓으시고 우리를 앞서 인도해 가신다. 아비가 자식을 품에 안듯, 우리를 품에 안으시고 지금도 우리와 동행하신다. **"광야에서도 너희가 당하였거니와 사람이 자기의 아들을 안는 것 같이 너희의 하나님 여호와께서 너희가 걸어온 길에서 너희를 안으사 이곳까지 이르게 하셨느니라 …… 그는 너희보다 먼저 그 길을 가시며 장막 칠 곳을 찾으시고 밤에는 불로 낮에는 구름으로 너희가 갈 길을 지시하신 자이시니라."**(신1:31~33) 고난 중에도 우리가 겸손히 하나님과 의논하기만 하면, 하나님은 기꺼이 우리를 용납하시고 우리를 복된 길로 인도해 가실 것이다. 우리 주위에 있는 쓸모없어 보이는 것을 '모세의 나무'로 바꾸어 주실 것이다. **"오직 하나님은 미쁘사 너희가 감당하지 못할 시험 당함을 허락하지 아니하시고 시험 당할 즈음에 또한 피할 길을 내사 너희로 능히 감당하게 하시느니라."**(고전10:13)

09

새로운 상황

"우리 아버지가 광야에서 죽었으나 여호와를 거슬러 모인 고라의 무리에 들지 아니하고 자기 죄로 죽었고 아들이 없나이다 어찌하여 아들이 없다고 우리 아버지의 이름이 그의 종족 중에서 삭제되리이까 우리 아버지의 형제 중에서 우리에게 기업을 주소서 하매 모세가 그 사연을 여호와께 아뢰니라."(민27:3~5)

신앙생활을 한마디로 표현한다면 어떻게 정의할 수 있을까? 그것은 '하나님의 계시의 말씀에 따라 살아가는 삶'이라 할 수 있을 것이다. 때때로 하나님의 계시의 말씀으로도 분별할 수 없는 새로운 상황이 주어질 때 '내 생각을 버리고 즉시 하나님의 뜻을 묻고 그의 뜻에 순종하는 삶'이 그것이다. **"그들이 날마다 나를 찾아 나의 길 알기를 즐거워함이 마치 공의를 행하여 그의 하나님의 규례를 저버리지 아니하는 나라 같아서 의로운 판단을 내게 구하며 하나님과 가까이 하기를 즐거워하는도다."**(사58:2)

어느 날, 므낫세 종족 중 헤벨의 아들 슬로브핫의 딸들이 모세와 지도자들과 백성들 앞에 나아왔다. 슬로브핫의 딸들은 '우리 아버지에게 아들이 없다고 우리 아버지의 이름이 아버지의 종족 중에서 삭제되는 일이 없어야 한다'며, 자기들에게 아버지의 종족 중에서 기업을 달라고 요청하였다. 이러한 상황은 모세의 지혜로는 쉽게 판단할 수 없는 그로서도 처음 겪는 새로운 상황이었다. 이때 성경은 **"모세가 그 사연을 여호와께 아뢰니라"**(민27:5)라고 기록하고 있다. 여기서 '아뢰니라'로 번역된 '**קרב**'(케레브)라는 단어는 '가까이 가져가다'라는 의미이다. 모세는 자신의 지혜로는 쉽게 판단할 수 없는 새로운 상황에 맞닥뜨렸을 때, 곧장 이 문제를 하나님께 들고 나아가 기도로 하나님과 의논하였다.(민9:8)

하나님은 기도로 그의 뜻을 구하는 모세에게 '아들이 없는 경우 딸들이 아버지의 이름으로 기업을 잇도록 하라'고 명령하셨다. 나중에 슬로브핫의 딸들이 '그들이 아버지의 이름으로 기업을 받은 뒤 다른 종족에게로 시집갈 경우 기업이 삭제되는 것'에 대해 물었을 때에도, 모세는 그들이 시집가되 같은 종족 지파의 남자에게로 시집가도록 명령하였다. 그리하면 희년이 되어도 그들의 기업이 다른 종족에게로 넘어가지 않을 것이기 때문이었다.(민36:5~9) 모세는 이 일 외에도, 그의 어머니는 이스라엘 사람이요 아버지는 애굽 사람인 어떤 사람이 진영 중에서 싸우다가 하나님의 이름을 저주할 때와(레24:10~14), 어떤 사람이 안식일에 나무하는 것을 발견하였을 때에도 하나님과 의논하여 이 상황들을 처리하였다.(민15:32~36)

모세는 이스라엘 백성들에게 하나님의 백성으로 택함 받은 자들의 복을 이렇게 말하였다. **"우리 하나님 여호와께서 우리가 그에게 기도할 때마다 우리에게 가까이 하심과 같이 그 신이 가까이 함을 얻은 큰 나라가 어디**

있느냐."(신4:7) 하나님께 가까이 나아갈 수 있는 은혜를 받은 하나님의 자녀는 복 있는 사람이다. **"내가 그를 가까이 오게 하리니 그가 내게 가까이 오리라 참으로 담대한 마음으로 내게 가까이 올 자가 누구냐 여호와의 말씀이니라."**(렘30:21) 그리고 날마다 순종의 삶을 살기 위해 하나님의 집 문과 문설주 곁에서 하나님의 말씀을 기다리는 자는 복된 사람이다.(잠8:34) 특히, 때때로 듣고 아는 말씀으로도 분별할 수 없는 새로운 상황을 맞이할 때, 즉시 하나님께 나아가 "어떻게 하리이까?" 그와 의논하며 성령님의 품 안에서 살아가는 자는 복 있는 사람이다. **"보혜사 곧 아버지께서 내 이름으로 보내실 성령 그가 너희에게 모든 것을 가르치고 내가 너희에게 말한 모든 것을 생각나게 하리라."**(요14:26)

바울이 빌립보에서 선교할 때의 일이다. 바울은 마게도냐의 첫 성인 그곳에서 여러 날을 머물다가 안식일에 기도하기 위해 강가로 나갔다. 그 스스로의 지혜와 방법으로는 알 수도 없고, 감당할 수도 없는 새로운 상황 앞에서 먼저 하나님과 의논하기 위해서였다. 바울은 강가에 가서 그곳에 모인 여자들에게 복음을 전하는데, 성령님이 그들 중 루디아라는 여인의 마음을 여셔서 그의 말을 따르게 하셨다. 성령님은 바울을 통해 루디아를 구원하시고 그녀의 가정을 통해 빌립보 교회를 세우게 하셨다.(행16:12~15)

예수님은 그의 제자들이 앞으로 당할 환난과 핍박 중에도 두려워하지 말 것을 가르치면서 이렇게 말씀하셨다. **"참새 다섯 마리가 두 앗사리온에 팔리는 것이 아니냐 그러나 하나님 앞에는 그 하나도 잊어버리시는 바 되지 아니하는도다."**(눅12:6) 그런데 마태복음에는 이렇게 기록되어 있다.

"참새 두 마리가 한 앗사리온에 팔리지 않느냐 그러나 너희 아버지께서 허락하지 아니하시면 그 하나도 땅에 떨어지지 아니하리라."(마10:29) 우리는 이 말씀을 통해 참새 다섯 마리가 두 앗사리온에 팔릴 때, 무심코 상인의 손에 쥐어져 덤으로 팔리는 참새 한 마리조차 하나님의 뜻 안에서 일어나는 일임을 알 수 있다. 이러한 사소한 사건에도 섭리하시는 하나님의 손길을 믿는다면, 우리는 우리의 지혜나 능력으로 해결할 수 없는 새로운 상황에 맞닥드릴 때 먼저 하나님과 의논하며, 그의 뜻을 묻고 그를 온전히 의지해야 할 것이다. **"너는 마음을 다하여 여호와를 신뢰하고 네 명철을 의지하지 말라 범사에 그를 인정하라 그리하면 네 길을 지도하시리라."**(잠3:5~6)

10

주저함이 만용보다 낫다

"그 밤에 여호와께서 기드온에게 이르시되 일어나 진영으로 내려가라 내가 그것을 네 손에 넘겨 주었느니라 만일 네가 내려가기를 두려워하거든 네 부하 부라와 함께 그 진영으로 내려가서 그들이 하는 말을 들으라 그 후에 네 손이 강하여져서 그 진영으로 내려가리라."(삿7:9~11)

이스라엘 백성들은 사사 드보라의 사십 년 통치 이후 또다시 하나님께 범죄하였다. 하나님은 범죄하는 그들을 칠 년 동안 미디안 족속들에게 넘겨주셨다. 미디안 족속들은 이스라엘의 토지의 소산을 멸하고 먹을 것을 남겨 두지 아니하며, 양이나 소와 나귀도 남기지 아니하여 이스라엘의 궁핍함이 극심하였다. 이에 이스라엘 백성들이 고통 중에 하나님께 부르짖자, 하나님은 아비에셀 사람 요아스의 아들 기드온에게 나타나셨다. 그를 통해 이스라엘을 미디안의 손에서 구원하실 것을 말씀하셨다. 기드온은 하나님의 말씀을 들었지만 그 말씀을 온전히 믿지 못하였다. 그는 자신을 이스라엘을 구원하는 도구로 사용하시겠다는 하나님의 증거를 양털과 이슬을 통해 거듭 하나님께 간구하였다.

그 뒤 기드온이 미디안과 전쟁을 할 무렵이었다. 기드온은 그를 따르는 삼만 이천 명의 군사 중, 물가의 물을 손으로 움켜 입에 대고 핥아 먹는 삼백 명의 군사만을 진에 머물게 하고 다른 군사들은 모두 집으로 돌려보냈다. 그 밤에 하나님이 기드온에게 말씀하셨다. **"일어나 진영으로 내려가라 내가 그것을 네 손에 넘겨주었느니라 만일 네가 내려가기를 두려워하거든 네 부하 부라와 함께 그 진영으로 내려가서 그들이 하는 말을 들으라 그 후에 네 손이 강하여져서 그 진영으로 내려가리라."**(삿7:9~11) 이에 기드온이 부라와 함께 미디안 진영으로 내려가, 마침 미디안 사람 하나가 그의 친구에게 꿈 해몽하는 말을 듣게 된다. 기드온은 이 말을 듣고 하나님의 말씀을 확신하며 삼백 명의 군사들과 함께 전쟁에 나가 큰 승리를 거두게 된다. 그들의 손에 든 무기라고는 고작 나팔과 횃불을 감춘 항아리뿐이었다.

만용은 하나님의 지혜와 능력을 신뢰하지 않는 우리의 교만한 마음에서 일어난다. 그 열매는 패배와 고통뿐이다. 이스라엘 백성들은 여리고 성을 무너뜨린 뒤, 그것과는 비교할 수 없이 작은 아이 성과의 전투에서 삼천 명의 군사로 그들과 싸웠으나 패배하고 말았다. 하나님을 앞세우지 않은 그들의 만용의 결과였다.(수7:4~5) 우리의 지나친 확신으로 하나님을 앞서는 만용보다, 비록 그것이 우리의 연약한 믿음의 소치일지라도, 전능하신 하나님의 인도하심을 기다리며 주저하는 것이 오히려 복이 될 수 있다. 하나님을 떠난 믿음은 만용이요, 하나님 안에 있는 주저함은 능력의 하나님과 함께 하는 지름길이기 때문이다.

블레셋의 거인 골리앗이 완전 무장을 한 채, 그의 방패 든 자를 앞세우고 하나님의 군대를 모욕할 때였다. 다윗은 양을 치던 그의 막대기를 손에 가지고, 시내에서 주운 매끄러운 돌 다섯을 골라 주머니에 넣고는 골리앗을 향해 앞으로 달려갔다. **"너는 칼과 창과 단창으로 내게 나아오거니와 나는 만군의 여호와의 이름 곧 네가 모욕하는 이스라엘 군대의 하나님의 이름으로 네게 나아가노라 오늘 여호와께서 너를 내 손에 넘기시리니 내가 너를 쳐서 네 머리를 베고 블레셋 군대의 시체로 오늘 공중의 새와 땅의 들짐승에게 주어 온 땅으로 이스라엘에 하나님이 계신 줄 알게 하겠고 또 여호와의 구원하심이 칼과 창에 있지 않음을 이 무리로 알게 하리라 전쟁은 여호와께 속한 것인즉 그가 너희를 우리 손에 넘기시리라."**(삼상17:46~47)

다윗의 이러한 행동은 그의 만용이 아니라 하나님의 영광에 사로잡힌 하나님의 의분이었다. **"주의 율법을 버린 악인들로 말미암아 내가 맹렬한 분노에 사로잡혔나이다."**(시119:53) 다윗은 오직 하나님의 영광에 사로잡혀, 그의 앞서 싸우시는 하나님만을 의지하며 숱한 전쟁에서 승리할 수 있었다. 그의 다음과 같은 고백은 만용이 아니라, 주저함 가운데 그를 붙드신 하나님의 은혜에 대한 고백이라 여겨진다. **"내가 주를 의뢰하고 적진을 달리며 내 하나님을 의지하고 성벽을 뛰어 넘나이다 하나님의 도는 완전하고 여호와의 말씀은 진실하니 그는 자기에게 피하는 모든 자에게 방패시로다."**(삼하22:30~31) 우리의 교만에서 비롯된 만용을 버리고, 기드온처럼 주저함 가운데 우리와 의논해 오시는 하나님의 인도를 받아 승리의 삶을 살아가자.

11

격분과 원통함을 하나님께로

"당신의 여종을 악한 여자로 여기지 마옵소서 내가 지금까지 말한 것은 나의 원통함과 격분됨이 많기 때문이니이다."(삼상1:16)

에브라임 산지 라마다임소빔에 엘가나라는 제사장이 있었는데, 그에게는 한나와 브닌나라는 두 아내가 있었다. 브닌나에게는 자식이 있었으나 한나에게는 하나님이 태의 문을 여시지 않아 자식이 없었다. 이에 브닌나는 한나를 심히 격분하게 하고 괴롭게 하였다. 제사를 드리는 날이면 남편 엘가나는 한나에게 제물의 분깃을 갑절이나 주며 특별히 그녀를 사랑하였지만, 한나에게는 자식이 없어 남편 엘가나의 사랑이 참된 위로가 될 수 없었다.

어느 날 그들이 실로에서 먹고 마실 때였다. 한나는 마음이 괴로워서 통곡하며 하나님께 서원 기도를 드렸다. **"만일 주의 여종의 고통을 돌보시고 나를 기억하사 주의 여종을 잊지 아니하시고 주의 여종에게 아들을 주시면 내가 그의 평생에 그를 여호와께 드리고 삭도를 그의 머리에 대지 아니하겠나이다."**(삼상1:11) 한나는 브닌나에게 많은 고통과 괴로움을 당하였지만,

그 원통함과 격분됨을 사람이 아닌 하나님께 기도와 통곡의 눈물로 맡겨 드렸다. 하나님은 한나의 눈물의 기도를 들으시고 그녀의 태의 문을 열어 주셨다. 그리고 기한이 되자 그녀에게 '사무엘'이라는 아들을 주셨다. **"보라 자식들은 여호와의 기업이요 태의 열매는 그의 상급이로다 이것이 그의 화살통에 가득한 자는 복되도다 그들이 성문에서 그들의 원수와 담판할 때에 수치를 당하지 아니하리로다."**(시127:3~5). 한나는 사무엘이 젖을 떼자, 그를 당시 실로의 하나님의 제사장 엘리에게로 데리고 갔다. 그리고 한나는 하나님께 서원한 대로 어린 사무엘을 하나님께 드렸다. **"네가 하나님께 서원하였거든 갚기를 더디게 하지 말라 하나님은 우매한 자들을 기뻐하지 아니하시나니 서원한 것을 갚으라."**(전5:4)

다윗 또한 그러하였다. 다윗은 사울 왕의 끊임없는 핍박을 받으며 도망 다닐 때, 그의 손으로 사울 왕을 죽일 수 있는 기회가 여러 번 있었다. 하지만 다윗은 하나님의 기름 부음 받은 자를 자기 손으로 죽일 수 없다며 번번이 사울을 살려 주었다.(삼상24:6, 26:10) 압살롬의 난을 피해 도망갈 때 베냐민 사람 시므이가 티끌을 날리며 그를 저주할 때에도, 다윗은 그의 모든 원통함을 하나님께 맡기며 시므이에게 보복하지 않았다. **"나는 사랑하나 그들은 도리어 나를 대적하니 나는 기도할 뿐이라."**(시119:4) **"네 원수가 주리거든 먹이고 목마르거든 마시게 하라 그리함으로 네가 숯불을 그 머리에 쌓아 놓으리라 악에게 지지 말고 선으로 악을 이기라."**(롬12:20~21)

한나가 사무엘을 낳은 뒤 브닌나는 한나를 어떻게 대하였을까? 예상컨대 전보다 조금은 잠잠해졌거나, 아니면 한나를 시기하며 더욱 격분하였을 것이다. 하지만 이제 그것은 한나에게는 더 이상 문제가 되지 않았다. 그녀는 사람과 싸우는 자가 아니라 이미 사무엘의 하나님 앞에 살고 있었기 때문이다. 인간관계에서 당하는 격분과 원통함을 해결하기 위해 사람과 싸우지 않고, 한나처럼 하나님께 들고 나아가 기도로 하나님과 씨름하는 자는 복된 자이다. 잠시 후면 하나님께로부터 이스라엘의 지도자 '사무엘' 같은 선물을 받게 될 것이기 때문이다. **"죄가 있어 매를 맞고 참으면 무슨 칭찬이 있으리요 그러나 선을 행함으로 고난을 받고 참으면 이는 하나님 앞에 아름다우니라 이를 위하여 너희가 부르심을 받았으니 그리스도도 너희를 위하여 고난을 받으사 너희에게 본을 끼쳐 그 자취를 따라오게 하려 하셨느니라."**(벧전2:20~21)

하나님은 우리의 내적인 변화를 위해 때때로 우리의 외부에 적을 보내 주신다. 사람과 싸우는 야곱 같은 우리를 애통함과 눈물의 간구로 하나님과 의논하는 이스라엘로 변화시키기 위해, 하나님은 우리에게 때때로 얍복 강의 에서를 보내 주신다.(창32:6) **"야곱은 모태에서 그의 형의 발꿈치를 잡았고 또 힘으로는 하나님과 겨루되 천사와 겨루어 이기고 울며 그에게 간구하였으며 하나님은 벧엘에서 그를 만나셨고 거기에서 우리에게 말씀하셨나니."**(호12:3~4) 하나님의 은혜로 이스라엘이 된 야곱은 그의 허벅지 관절의 위골로 인해 온전히 하나님만을 의지하며 나아갈 수밖에 없었다. 더 이상 자신의 꾀와 능력을 믿고 다른 길로 빠지거나 도망갈 수도 없었다. 하지만 이스라엘의 앞길에는 찬란한 하나님의 빛이 떠오른 새벽이 기다리고 있었다.(창32:31) 그리고 그의 눈앞에는 '원수 에서 형'이 아닌, 그에게 달려와 그를 안고 울며 입맞추는 '하나님의 얼굴'이 기다리고 있었다. **"내가 형님의 얼굴을 뵈온즉 하나님의 얼굴을 본 것 같사오며."**(창33:10)

12

어디로 가리이까?

"그 후에 다윗이 여호와께 여쭈어 아뢰되 내가 유다 한 성읍으로 올라가리이까 여호와께서 이르시되 올라가라 다윗이 아뢰되 어디로 가리이까 이르시되 헤브론으로 갈지니라."(삼하2:1)

사울과 요나단은 물론, 사울의 다른 두 아들도 블레셋과의 전쟁에서 패하여 모두 전사하였다. 다윗은 이 소식을 듣고 슬픈 노래로 그들의 죽음을 애통해 하였다. **"오호라 두 용사가 전쟁 중에 엎드러졌도다 요나단이 네 산 위에서 죽임을 당하였도다 내 형 요나단이여 내가 그대를 애통함은 그대는 내게 심히 아름다움이라 그대가 나를 사랑함이 기이하여 여인의 사랑보다 더하였도다."**(삼하2:25~26) 전쟁이 끝나자, 사울의 군사령관 아브넬은 사울의 아들 이스보셋을 데리고 마하나임으로 가서 그를 이스라엘의 왕으로 세웠다.

이 무렵 다윗 왕은 하나님께 **"내가 유다 한 성읍으로 올라가리이까"**(삼하2:1)라고 기도하였다. 하나님은 그에게 "유다로 올라가라"고 말씀하셨다. 하지만 다윗은 곧바로 유다로 올라가지 않고 다시 하나님께 **"어디로**

가리이까"(삼하2:1)라며 구체적으로 기도하였다. 하나님은 그에게 "헤브론으로 가라"고 말씀하셨다. 다윗이 "유다로 올라가라"는 하나님의 말씀을 듣고도, 곧장 그리로 올라가지 않고 다시 하나님께 기도한 이유는 무엇일까? 아마 그것은 다윗이 그간의 연단을 통해, 하나님을 철저히 의지하는 것이야말로 승리하는 길이요, 또한 하나님은 구체적으로 기도하는 만큼 구체적으로 응답하시는 분임을 확신했기 때문일 것이다.

성경에는 이와 유사한 또 하나의 예가 나온다. 다윗이 하나님의 도우심으로 블레셋 사람들의 손에서 그일라를 구원하였을 때였다. 어떤 사람이 다윗이 그일라에 온 것을 사울 왕에게 알렸다. 사울 왕이 다윗과 그의 사람들을 잡으려고 군사들을 데리고 그일라로 내려와 그들을 에워쌀 무렵이었다. 다윗은 사울의 음모를 알아차리고 **"사울이 나 때문에 이 성읍을 멸하려고 그일라로 내려 오겠나이까"**(삼상23:11)라고 하나님께 기도하였다. 하나님은 다윗에게 '사울이 그일라로 내려올 것'을 말씀하셨다. 다윗은 다시 하나님께 구체적으로 기도하였다. **"그일라 사람들이 나와 내 사람들을 사울의 손에 넘기시겠나이까."**(삼상23:12) 하나님은 이번에도 다윗에게 '그일라 사람들이 그를 사울의 손에 넘길 것'을 말씀하셨다.

사울 왕이 버림받은 이유는 무엇일까? 그것은 이러한 다윗과는 달리, 그가 모든 일을 하나님께 묻지 않았기 때문이다. **"사울이 죽은 것은 여호와께 범죄하였기 때문이라 그가 여호와의 말씀을 지키지 아니하고 또 신접한 자에게 가르치기를 청하고 여호와께 묻지 아니하였으므로 여호와께서 그를 죽이시고 그 나라를 이새의 아들 다윗에게 넘겨 주셨더라."**(대상10:13~14) 하나님은 사울이 그의 뜻을 묻지 않고 끝없이 불순종하자, 사울에게 꿈으로

도, 우림으로도, 선지자로도 응답하지 않으셨다. 결국 그는 엔돌의 신접한 여인을 통해 그의 죽음에 대한 하나님의 심판의 말씀을 듣게 된다. 그리고 그의 앞길에는 가룟 유다처럼 어두운 밤이 기다리고 있었다.(요13:30) **"여인의 집에 살진 송아지가 있으므로 그것을 급히 잡고 가루를 가져다가 뭉쳐 무교병을 만들고 구워서 사울 앞에와 그의 신하들 앞에 내놓으니 그들이 먹고 일어나서 그 밤에 가니라."**(삼상28:24~25)

모든 일을 먼저 하나님과 구체적으로 의논하자. 하나님의 뜻을 구체적으로 알고, 그 뜻에 순종하기로 결단하자. 하나님은 무엇보다 이런 믿음의 간구와 우리의 순종의 발걸음을 기뻐하신다. **"젊은 사자는 궁핍하여 주릴지라도 여호와를 찾는 자는 모든 좋은 것에 부족함이 없으리로다."**(시34:10)

13

현재의 하나님의 뜻

"블레셋 사람들이 이미 이르러 르바임 골짜기에 가득한지라 다윗이 여호와께 여쭈어 이르되 내가 블레셋 사람에게로 올라가리이까 여호와께서 그들을 내 손에 넘기시겠나이까 하니 여호와께서 다윗에게 말씀하시되 올라가라 내가 반드시 블레셋 사람을 네 손에 넘기리라 하신지라 …… 블레셋 사람들이 다시 올라와서 르바임 골짜기에 가득한지라 다윗이 여호와께 여쭈니 이르시되 올라가지 말고 그들 뒤로 돌아서 뽕나무 수풀 맞은편에서 그들을 기습하되 뽕나무 꼭대기에서 걸음 걷는 소리가 들리거든 곧 공격하라 그 때에 여호와가 너보다 앞서 나아가서 블레셋 군대를 치리라 하신지라."(삼하5:18~24)

인간은 과거와 현재와 미래가 있기 때문에 시간의 존재를 인식할 수 있다. 피조물인 우리 인간은 과거와 현재, 그리고 미래의 틀 안에서 살아갈 수밖에 없기 때문이다. 하지만 창조주 하나님은 과거와 현재, 그리고 미래를 '영원한 현재'로 보고 계신다. 그러므로 우리는 지난날 우리를 인도하신 하나님의 뜻을 잘 헤아리고, 또한 앞으로 행하실 하나님의 뜻을 바르게 분별하며 살아가야 한다. 그러나 무엇보다 현재 우리를 향하신 하나님의 뜻을 바르게 분별하고, 그 뜻에 순종하는 삶이 중요하다.

이스라엘이 다윗에게 기름을 부어 그를 왕으로 삼았다는 소식을 듣고, 블레셋 사람들이 다윗을 찾으러 올라왔다. 다윗이 이 소식을 듣고 요새로 나갈 때였다. 블레셋 사람들은 이미 르바임 골짜기에 진을 치고 전열을 갖추고 있었다. 다윗은 하나님께 **"내가 블레셋 사람에게 올라가리이까 여호와께서 그들을 내 손에 넘기시겠나이까."**(삼하5:19)라고 기도하였다. 하나님은 그에게 **"올라가라 내가 반드시 블레셋 사람을 네 손에 넘기리라."**(삼하5:19)고 말씀하셨다. 다윗은 하나님의 말씀대로 순종하여 그들을 쳐서 승리하게 된다. 잠시 뒤, 블레셋 사람들이 다시 올라와 르바임 골짜기에 진을 치고 전쟁을 준비하였다. 다윗은 재차 하나님께 기도하였다. 하나님이 이번에는 그에게 이렇게 말씀하셨다. **"올라가지 말고 그들 뒤로 돌아서 뽕나무 수풀 맞은편에서 그들을 기습하되 뽕나무 꼭대기에서 걸음 걷는 소리가 들리거든 공격하라 그때에 여호와가 너보다 앞서 가서 블레셋 군대를 치리라."**(삼하5:23~24) 다윗은 하나님의 명령대로 순종하여 블레셋 사람을 쳐서 또다시 큰 승리를 거두게 된다.

만일 다윗이 첫 번째 승리한 그곳에 다시 진을 친 블레셋 사람들을 보고는, 하나님께 "어떻게 할까요?" 묻지도 않고 첫 번째와 동일한 방법으로 전쟁을 하였다면, 그 결과는 어떻게 되었을까? 아마 다윗은 그래도 전쟁에서 승리할 수 있었을지도 모른다. 하지만 하나님의 세밀한 인도하심을 받지 못함으로 인해 손쉬운 승리를 거둘 수는 없었을 것이다. 다윗은 이처럼 매 상황마다 먼저 기도로 하나님과 의논하였다. 그리하여 때마다 하나님의 세밀한 인도하심을 받아 큰 승리를 거둘 수 있었다.

하나님은 이스라엘 백성들이 아이 성 전투에서 패배한 뒤 여호수아에게 이렇게 말씀하셨다. **"너는 여리고와 그 왕에게 행한 것 같이 아이와 그 왕에게 행하되 오직 거기서 탈취할 물건과 가축은 스스로 가지라 너는 아이 성 뒤에 복병을 둘지니라."**(수8:2) 하나님은 여리고와는 달리 아이 성의 물건과 가축은 이스라엘 백성들이 취하기를 원하셨다. 아이 성과의 전쟁도 여리고 성과는 달리 복병을 두어 싸우기를 원하셨다. 여호수아와 이스라엘 백성들이 먼저 이러한 하나님의 뜻을 묻고 온전히 순종하였다면, 그들은 아이 성 패배의 고통을 겪지는 않았을 것이다. 물론 아이 성 패배의 직접적 원인은 아간의 범죄에 기인한 것이긴 하지만 말이다.

우리의 과거의 경험이나 성급한 소원을 하나님 앞에 내려놓자. 모든 일에 현재 우리를 향하신 하나님의 뜻을 묻고, 그 뜻에 순종하자. 특히 우리 앞에 과거에 승리했을 때의 동일한 상황이 주어질 때, 이전의 경험만을 믿고 서둘러 하나님을 앞서 나가지 않도록 하자. 우리의 삶의 많은 불행의 뿌리에는 현재의 하나님의 뜻을 구하지 않고, 그 뜻에 순종하지 않은 우리의 불순종에 있음을 잊지 말자. **"지식 없는 소원은 선하지 못하고 발이 급한 사람은 그릇 가느니라 사람이 미련하므로 자기 길을 굽게 하고 마음으로 하나님을 원망하느니라."**(잠19:2~3) 현재의 하나님의 뜻을 묻고 그 뜻에 순종할 때, 우리는 모든 일에 하나님의 구체적인 인도하심을 받아 승리하는 삶을 살아갈 수 있을 것이다. **"백성들아 시시로 그를 의지하고 그의 앞에 마음을 토하라 하나님은 우리의 피난처시로다."**(시62:8) **"너의 행사를 여호와께 맡기라 그리하면 네가 경영하는 것이 이루어지리라."**(잠16:3)

14

듣는 마음

"누가 주의 이 많은 백성을 재판할 수 있사오리이까 듣는 마음을 종에게 주사 주의 백성을 재판하여 선악을 분별하게 하옵소서."(왕상3:9)

솔로몬은 아버지 다윗을 이어 이스라엘의 왕이 된다. 그는 기브온으로 가서 하나님께 일천 번제를 드렸다. 하나님이 밤에 그에게 나타나 **"내가 네게 무엇을 줄꼬 너는 구하라"**(왕상3:5)고 말씀하셨다. 솔로몬은 하나님께 장수나 부귀나 원수의 생명 멸하기를 구하지 않고 **"누가 주의 이 많은 백성을 재판할 수 있사오리이까 듣는 마음을 종에게 주사 주의 백성을 재판하여 선악을 분별하게 하옵소서"**(왕상3:9)라며 하나님께 지혜를 구하였다. 하나님은 이 기도를 들으시고 그를 크게 기뻐하셨다. 솔로몬에게 지혜롭고 총명한 마음은 물론, 그가 구하지 않은 부귀와 영광도 주실 것을 약속하셨다. **"지혜는 진주보다 귀하니 네가 사모하는 모든 것으로도 이에 비교할 수 없도다 그의 오른손에는 장수가 있고 그의 왼손에는 부귀가 있나니 그 길은 즐거운 길이요 그의 지름길은 다 평강이니라."**(잠3:15~17) **"그 안에는 지혜와 지식의 모든 보화가 감추어져 있느니라."**(골2:3)

솔로몬이 이처럼 겸손히 하나님께 지혜를 구하며 선정을 베풀 때에는 이스라엘은 전무후무한 태평성대를 누릴 수 있었다. 당시 스바 여왕이 향품과 많은 금과 보석을 가지고 신하들과 함께 예루살렘에 왔을 때였다. 스바 여왕은 솔로몬이 누리는 부와 영광을 보고는 그녀의 정신이 황홀하여 이렇게 솔로몬의 하나님을 찬양하였다. **"복되도다 당신의 사람들이여, 복되도다 당신의 이 신하들이여, 항상 당신 앞에 서서 당신의 지혜를 들음이로다."**(대하9:7) 하지만 솔로몬은 노년에 그의 많은 처첩들로 인해 하나님을 버리고 우상을 섬겼다. 하나님이 일찍이 두 번이나 그에게 나타나셔서 다른 신을 섬기지 말라고 하시는데도, 그는 듣지 않았다. 결국 솔로몬 왕국은 그의 아들 르호보암 때에 남북으로 분열되고, 르호보암의 남 유다는 초라한 왕국으로 전락하고 만다. **"자주 책망을 받으면서도 목이 곧은 사람은 갑자기 패망을 당하고 피하지 못하리라."**(잠29:1)

하나님은 광야 여정 중에 끝없이 반역하는 이스라엘 백성들에게 모세를 통해 말씀하셨다. **"그러나 깨닫는 마음과 보는 눈과 듣는 귀는 오늘 여호와께서 너희에게 주지 아니하셨느니라."**(신29:4) 또한 반역을 거듭하는 유다 백성들을 향해서도 예레미야 선지자를 통해 이렇게 탄식하셨다. **"내가 누구에게 말하며 누구에게 경책하여 듣게 할꼬 그 귀가 할례를 받지 못하였으므로 듣지 못하는도다."**(렘6:10) 사울 왕이 하나님께 버림받은 것도 하나님의 말씀을 듣지 않은 그의 완고함 때문이었다. **"순종이 제사보다 낫고 듣는 것이 숫양의 기름보다 나으니 이는 거역하는 것은 점치는 죄와 같고 완고한 것은 사신 우상에게 절하는 죄와 같음이라 왕이 여호와의 말씀을 버렸으므로 여호와께서도 왕을 버려 왕이 되지 못하게 하셨나이다."**(삼상15:22~23)

우리의 마음이 완고하게 되지 않기 위해서는 우리는 늘 우리의 마음이 하나님의 말씀을 향해 있어야 한다. 나사로의 누이 마르다는 예수님을 섬기기 위해 음식 준비하는 일에 분주하였다. 그녀는 동생 마리아가 자기를 도와주지 않자, 이 일로 예수님께 불평하였다. 하지만 마리아는 예수님의 발치에 앉아 그의 입에서 나오는 은혜의 말씀에 집중하였다. **"여호와께서 백성을 사랑하시나니 모든 성도가 그의 수중에 있으며 주의 발아래에 앉아서 주의 말씀을 받는도다."**(신33:3) **"능력이 있어 여호와의 말씀을 행하며 그의 말씀의 소리를 듣는 여호와의 천사들이여 여호와를 송축하라."**(시103:20) 그리하여 마리아는 예수님께 그의 생명과도 같은 향유 옥합을 부어 드리며 메시야의 장례를 준비하는 일에 헌신할 수 있었다.(마26:13) 마르다는 그녀의 손발이, 마리아는 그녀의 마음이 예수님의 말씀을 향하고 있었기 때문이다. 가룟 유다가 멸망한 이유도, 그의 마음이 예수님의 말씀이 아니라 그의 양심을 향하고 있었기 때문이다.(마27:3~5) 제자들 또한 그러하였다. 만일 제자들의 마음이 **"내가 살아난 후에 너희보다 먼저 갈릴리로 가리라"**(마26:32)는 예수님의 말씀을 향하고 있었다면, 그들은 아리마대 요셉의 무덤이 아니라 갈릴리에서 부활하신 예수님을 기다리고 있었을 것이다. **"내 아들아 네 마음을 내게 주며 네 눈으로 내 길을 즐거워할지어다."**(잠23:26)

하나님은 제사장 위임식 때 숫양의 피를 제사장의 오른쪽 귓부리와, 오른쪽 엄지손가락과 엄지발가락에 바르도록 모세에게 명령하셨다.(레8:23) 하나님을 섬기는 제사장은 먼저 하나님의 말씀을 그의 귀로 듣고 그의 손발로 순종해야 하기 때문이다. **"제사장의 입술은 지식을 지켜야 하**

겠고 사람들은 그의 입에서 율법을 구하게 되어야 할 것이니 제사장은 만군의 여호와의 사자가 됨이거늘 너희는 옳은 길에서 떠나 많은 사람을 율법에 거스르게 하는도다."(말2:7~8) 그리고 그 순종은 하나님의 말씀 한 절 한 절을 만왕의 왕 되신 하나님의 어명으로 믿고, 우리의 온 몸과 마음으로부터의 온전한 순종이어야 한다. **"나를 저버리고 내 말을 받지 아니하는 자를 심판할 이가 있으니 곧 내가 한 그 말이 마지막 날에 그를 심판하리라."**(요12:48) **"또 내장에 덮인 모든 기름과 간 꺼풀과 두 콩팥과 그 기름을 가져다가 모세가 제단 위에 불사르고 그 수송아지 곧 그 가죽과 고기와 똥은 진영 밖에서 불살랐으니."**(레8:16~17)

예수님의 보혈로 그의 귀가 할례 받아 제사장으로 부름 받은 우리는 마리아처럼 듣는 마음으로 먼저 하나님의 말씀에 헌신해야 한다. 일보다 하나님의 말씀을 듣는 일에 우선해야 한다. 그리할 때, 우리는 우리를 향하신 하나님의 뜻을 바르게 분별하고 그 뜻에 순종할 수 있기 때문이다. 하나님과 생명의 교제를 나누며, 하나님과 매사를 의논하는 하늘의 능력을 누리는 삶을 살아갈 수 있기 때문이다. 다윗과 아모스를 통해 주신 다음과 같은 하나님의 경계의 말씀을 기억하자. **"내가 네 갈 길을 가르쳐 보이고 너를 주목하여 훈계하리로다 너희는 무지한 말이나 노새 같이 되지 말지어다 그것들은 재갈과 굴레로 단속하지 아니하면 너희에게 가까이 가지 아니하리로다."**(시32:8~9) **"주 여호와의 말씀이니라 보라 날이 이를지라 내가 기근을 땅에 보내리니 양식이 없어 주림이 아니며 물이 없어 갈함이 아니요 여호와의 말씀을 듣지 못한 기갈이라."**(암8:11)

성령님!
우리의 눈이 성령님의 눈이 되게 하시고
우리의 입과 귀, 성령님의 입과 귀가 되게 하시고
우리의 손발, 우리의 몸이 성령님의 손발과 몸 되게 하셔서
모든 일에 성령님과 의논하며 성령님의 뜻만 순종하게 하소서!

15

손 만한 구름

"일곱 번째 이르러서는 그가 말하되 바다에서 사람의 손 만한 작은 구름이 일어나나이다 이르되 올라가 아합에게 말하기를 비에 막히지 아니하도록 마차를 갖추고 내려가소서 하라 하니라."(왕상18:44)

하나님은 아합 왕 때 이스라엘 백성을 징계하시기 위해 수년 동안 비도, 이슬도 내리지 아니하셨다. 많은 날이 지나고 제삼년에, 하나님이 엘리야에게 **"너는 가서 아합에게 보이라 내가 지면에 비를 내리리라"**(왕상18:1)고 말씀하셨다. 엘리야는 아합 왕에게 온 이스라엘과 이세벨의 상에서 먹는 바알의 선지자 사백오십 명과 아세라의 선지자 사백 명을 갈멜 산으로 나오게 하라고 말하였다. 그들이 엘리야에게 오자, 엘리야는 '각각 송아지를 잡아 각을 떠서 나무 위에 놓고, 각자 섬기는 자기 신의 이름을 부를 때 불로 응답하는 신, 그가 하나님'이라고 그들에게 말하였다. **"솔로몬이 기도를 마치매 불이 하늘에서부터 내려와서 그 번제물과 제물들을 사르고 여호와의 영광이 그 성전에 가득하니."**(대하7:1) 엘리야는 먼저 바알 선지자들이 그들의 신의 이름을 부르라고 명령하였다. 그들은 큰 소리로 그들의 신의 이름을 부르고, 피가 흐르기까지 칼과 창으로 그들의 몸을 상하게 하였다. 하지만 저녁 소제 드릴 때까지 아무 소리도 없고, 응답하는 자나 돌아보는 자도 없었다.

그 뒤 엘리야는 무너진 제단을 수축하고 돌로 제단을 쌓았다. 그 제단을 돌아가며 도랑을 만들고, 또 나무를 벌이고, 송아지의 각을 떠서 그 나무 위에 놓았다. 그리고 통 넷에 물을 가득 채워다가 번제물과 나무 위에 부으니, 물이 제단으로 흐르고 도랑에도 물이 가득 찼다. 저녁 소제 드릴 때에 엘리야는 이렇게 기도하였다. **"여호와여 주께서 이스라엘 중에서 하나님이신 것과 내가 주의 종인 것과 내가 주의 말씀대로 이 모든 일을 행하는 것을 오늘 알게 하옵소서 여호와여 내게 응답하소서 여호와여 내게 응답하소서 이 백성에게 주 여호와는 하나님이신 것과 주는 그들의 마음을 되돌이키심을 알게 하옵소서."**(왕상18:36~37) 기도가 끝나자, 여호와의 불이 하늘로부터 내려서 번제물과, 나무와, 돌과, 흙과 도랑의 물을 모두 핥아 버렸다. 백성들은 이를 보고 엎드려 **"여호와 그는 하나님이시로다 여호와 그는 하나님이시로다"**(왕상18:39)라고 고백하였다. 엘리야는 모든 거짓 선지자들을 기손 시내에서 죽였다.

이 일이 있고 나서, 엘리야는 갈멜산 꼭대기로 올라갔다. 땅에 꿇어 엎드려 그의 얼굴을 무릎 사이에 넣고 간절히 하나님께 기도하였다. 하나님이 비를 내려 주실 것을 믿었기 때문이다. 그리고는 그의 사환에게 명하여 바다 쪽을 바라보라 하나 사환은 그에게 돌아와서 비가 올 아무 징조도 보이지 않는다고 하였다. 엘리야는 사환에게 일곱 번까지 다시 가라 하였다. 일곱 번째 이르러서는 사환이 돌아와 **"바다에서 사람의 손만한 작은 구름이 일어나나이다"**(왕상18:44)라고 그에게 말하였다. 잠시 뒤 구름과 바람이 일어나서 하늘이 캄캄해지며 큰 비가 내렸다. **"봄비가 올 때에 여호와 곧 구름을 일게 하시는 여호와께 비를 구하라 무리에게 소낙비를 내려서 밭의 채소를 각 사람에게 주시리라."**(슥10:1)

엘리야는 영적으로 칠흑 같은 어두움의 시대에도 하나님의 말씀을 듣고 그의 말씀에 순종한 하나님의 사람이었다. 그의 사환이 비가 올 아무 징조도 보이지 않는다고 하여도, 그는 일곱 번까지 가보라고 할 만큼 하나님의 말씀의 신실하심을 믿었다. 마침내 손 만한 작은 구름이 떴을 때, 그는 그것을 보고 하나님이 큰 비를 내리실 것을 믿음으로 선포하였다. **"너희에게 인내가 필요함은 너희가 하나님의 뜻을 행한 후에 약속하신 것을 받기 위함이라 잠시 잠깐 후면 오실 이가 오시리니 지체하지 아니하시리라 나의 의인은 믿음으로 말미암아 살리라 또한 뒤로 물러가면 내 마음이 그를 기뻐하지 아니하리라."**(히10:36~38) **"그러므로 내가 너희에게 말하노니 무엇이든지 기도하고 구하는 것은 받은 줄로 믿으라 그리하면 너희에게 그대로 되리라."**(막11:24)

하나님은 인내하며 그와 기도로 의논하는 자에게 '손 만한 작은 구름'을 보고서도 '큰 비의 소리'를 들을 수 있는 영적 분별력을 선물로 주신다. 하나님과 바알 사이에서 머뭇머뭇 하는 불쌍한 영혼들에게 불로 응답하시는 살아 계신 하나님의 영광을 나타내는 도구로 사용하신다. 영적으로 칠흑 같은 어둠의 시대에도 살아 계신 하나님의 생명의 불을 밝히는 오늘의 엘리야가 되게 하신다. **"내가 불을 땅에 던지러 왔노니 이 불이 이미 붙었으면 내가 무엇을 원하리요 나는 받을 세례가 있으니 그것이 이루어지기까지 나의 답답함이 어떠하겠느냐."**(눅12:49~50)

16

왕의 침실

"그 신복 중의 한 사람이 이르되 우리 주 왕이여 아니로소이다 오직 이스라엘 선지자 엘리사가 왕이 침실에서 하신 말씀을 이스라엘의 왕에게 고하나이다 하는지라."(왕하 6:12)

'스파이'는 '대립 관계에 있는 국가나 기업 따위의 일정한 조직체에 침투하여 그 기밀을 알아내는 사람'을 말한다. 이 이슈는 최근 미국과 중국의 무역 전쟁에서 양국 간의 중대한 화두로 제기되고 있다. 한 국가가 그들의 스파이를 통해 적국의 정보를 미리 파악하고 그에 대비한다는 것은, 장차 치르게 될 전쟁에서 이미 승리를 얻은 것이나 마찬가지일 것이다.

아람 왕이 이스라엘과 더불어 싸울 때였다. 아람 군대가 아무데 아무데 진을 치리라 하면, 하나님의 사람이 이스라엘 왕에게 사람을 보내어 이를 알렸다. 아람 왕은 이스라엘 왕이 하나님의 사람의 말대로 방비하기가 한두 번이 아니어서 매우 번민하였다. 그때 그의 신하 중 한 사람이 **"이스라엘 선지자 엘리사가 왕이 침실에서 하신 말씀을 이스라엘 왕에게 고하나이다"**(왕하6:12)라고 하였다. 이에 아람 왕은 엘리사가 도단에 있는 줄을 알고, 그를 잡으려고 말과 병거와 많은 군사를 보내어 그 성읍을 에워쌌다.

엘리사의 사환 게하시는 이를 보고 매우 두려워하였다. 하나님이 엘리사의 기도를 들으시고 사환의 눈을 여시자, 게하시는 불 말과 불 병거가 산에 가득하여 엘리사를 둘러 있는 것을 보았다. **"여호와의 천사가 주를 경외하는 자를 둘러 진 치고 그들을 건지시는도다."**(시 34:7) 엘리사는 아람 사람이 그에게 내려올 때 하나님께 **"원하건대 저 무리의 눈을 어둡게 하옵소서"**(왕하6:18)라고 기도하였다. 그러자, 즉시 그들의 눈이 어둡게 되었다. 엘리사는 그들을 사마리아까지 인도하여 들어가서 다시 하나님께 기도하였다. **"여호와여 이 무리의 눈을 열어서 보게 하옵소서."**(왕하6:20) 하나님이 그들의 눈을 여시자, 그들은 그제서야 자기들이 사마리아 가운데 있는 줄 알게 되었다. 하지만 이스라엘 왕은 엘리사의 말대로 그들을 죽이지 않았다. 그들에게 음식을 많이 베풀어 먹고 마시게 하고 나서, 그들의 땅으로 평안히 돌아가게 하였다.

창조주 하나님은 모든 사람의 입과 귀를 만드셨다. 하나님은 사람이 하는 모든 말을 다 듣고 계시고, 그가 원하시면 그것을 우리에게 알려주실 수도 있다.(시139:3~4) 아람 왕은 그의 신하들과 침실에서 속삭였지만 그들의 말이 하나님의 귀를 피할 수는 없었기 때문이다. **"내가 주의 영을 떠나 어디로 가며 주의 앞에서 어디로 피하리이까 내가 하늘에 올라갈지라도 거기 계시며 스올에 내 자리를 펼지라도 거기 계시나이다 내가 새벽 날개를 치며 바다 끝에 가서 거주할지라도 거기서도 주의 손이 나를 인도하시며 주의 오른손이 붙드시리이다 내가 혹시 말하기를 흑암이 반드시 나를 덮고 나를**

두른 빛은 밤이 되리라 할지라도 주께서는 흑암이 숨기지 못하며 밤이 낮과 같이 비추이나니 주에게는 흑암이 빛과 같음이니이다."(시139:7~12)

하지만 우리가 신랑 되신 예수님과 그의 침실에서 속삭이는 대화는 이 세상 어느 누구도 들을 수 없다. 오늘날 예수님의 침실은 어디인가? 예수님이 성령으로 오셔서 보좌 삼고 앉아 계신 우리의 마음이다. 날마다 이 침실에서 하나님과 비밀회의를 하는 자는 이미 이 땅에서도 하늘의 영광을 누리며 살아갈 수 있다. **"그가 왼팔로 내 머리를 고이고 오른팔로 나를 안는구나."**(아2:6)

예레미야 선지자는 당시 많은 거짓 선지자들에게 핍박을 받았지만 이러한 하늘의 승리를 맛보며 살았다. 하나님은 그를 통해 그 당시 거짓 선자자들에게 이렇게 말씀하셨다. **"이 선지자들은 내가 보내지 아니하였어도 달음질하며 내가 그들에게 이르지 아니하였어도 예언하였은즉 그들이 만일 나의 회의에 참여하였더라면 내 백성에게 내 말을 들려서 그들을 악한 길과 악한 행위에서 돌이키게 하였으리라."**(렘23:21~22) 선지자 예레미야는 하나님의 비밀회의에 참여하여 하나님의 말씀을 들은 사람이었다. 그리고 그는 하나님의 보내심을 받아, 핍박 가운데서도 하나님께로부터 들은 그 말씀만을 불순종하는 백성들에게 전하였다. **"내가 말할 때마다 파멸과 멸망을 선포하므로 여호와의 말씀으로 말미암아 내가 종일토록 치욕과 모욕거리가 됨이니이다."**(렘20:8)

시편 25:14에는 **"여호와의 친밀하심이 그를 경외하는 자들에게 있음이여 그의 언약을 그들에게 보이시리로다"**라는 말씀이 나온다. 여기에서 '친밀하심'이라고 번역된 말은 '비밀 상담'(סוד-secret counsel)이라는 의미이다. 하나님은 예레미야와 같이 그를 경외하는 자와 날마다 천상의 비밀회의를 열어 주신다. 그에게 자신의 뜻을 알려 주시고, 그를 통해 자신의 뜻을 친히 이루어 가신다. **"내 말을 받은 자는 성실함으로 내 말을 할 것이라 겨가 어찌 알곡과 같겠느냐 여호와의 말씀이니라 내 말이 불같지 아니하냐 바위를 쳐서 부스러뜨리는 방망이 같지 아니하냐."**(렘23:28~29)

사도 바울 또한 이 세상에 사는 동안에도 하늘의 하나님의 침실을 다녀온 사람이었다. **"내가 그리스도 안에 있는 한 사람을 아노니 그는 십사 년 전에 셋째 하늘에 이끌려 간 자라 그가 몸 안에 있었는지 몸 밖에 있었는지 나는 모르거니와 하나님은 아시느니라 …… 그가 낙원으로 이끌려 가서 말로 표현할 수 없는 말을 들었으니 사람이 가히 이르지 못할 말이로다."**(고후12:4) 예수님을 믿어 구원 받은 사람은 날마다 그의 마음의 보좌에 계신 성령님과 천상의 비밀 의논을 하며, 이 세상에서 하나님의 뜻을 이루어드리는 삶을 살아갈 수 있다.

17

코람 데오

"히스기야가 사자의 손에서 편지를 받아보고 여호와의 성전에 올라가서 히스기야가 그 편지를 여호와 앞에 펴 놓고."(왕하19:14)

'코람 데오'(Coram Deo)는 '~ 앞에서'를 의미하는 라틴어 '코람'(Coram)과 '하나님'을 의미하는 '데우스'(Deus)가 합쳐진 말이다. 구약 성경에서는 이를 '리프네 아도나이'(לפני אדני), 곧 '하나님의 얼굴 앞에서'라고 하였다. 코람 데오는 하나님 앞에서, 하나님의 권위 아래에서, 하나님의 영광을 위해 살아가는 삶이요, 세상 만물과 우리를 지켜보시는 하나님 앞에서 살아가는 삶을 의미한다.

히스기야는 그의 나이 이십오 세에 유다의 왕이 되었다. 히스기야는 그의 조상 다윗의 모든 행위와 같이 하나님이 보시기에 정직하게 행하였다. 산당을 부수고, 주상을 깨뜨리고, 그때까지 백성들이 분향하며 섬기던 모세가 만든 놋뱀을 부수었다.(왕하18:4) 하나님은 믿음의 왕 히스기야와 함께 하셔서, 그는 어디로 가든지 형통하였다.

그런데 히스기야 왕 제십사년에 앗수르 왕 산헤립이 유다의 모든 견고한 성을 점령하자, 히스기야는 성전 문의 금과 자기가 만든 모든 기둥 위에 입힌 금을 벗겨 앗수르 왕에게 주었다. 그럼에도 불구하고, 앗수르 왕은 그의 신하 랍사게를 보내어 하나님을 조롱하며 계속 유다를 위협하였다. 앗수르 왕은 구스 왕 디르하가가 그와 싸우려고 나왔다는 소식을 듣고는, 히스기야에게 다시 사자를 보내어 하나님을 조롱하며 그에게 항복할 것을 명령하였다. 히스기야는 앗수르 왕이 보낸 편지를 받아보고 여호와의 성전에 올라가 그 편지를 여호와 앞에 펴 놓고 기도하였다. **"우리 하나님 여호와여 원하건대 이제 우리를 그의 손에서 구원하옵소서 그리하시면 천하 만국이 주 여호와가 홀로 하나님이신 줄 알리이다."**(왕하 19:19) 하나님은 히스기야의 기도를 들으시고, 그 밤에 앗수르 진영에서 군사 십팔만오천 명을 송장으로 만드셨다. 산헤립은 앗수르로 돌아가 그의 아들의 손에 죽임을 당하게 하셨다.(왕하19:35~37)

성경에는 히스기야와 같이 코람 데오의 믿음으로 하나님 앞에서 살다 간 많은 경건한 사람들이 나온다. 요셉은 그의 주인 보디발의 아내가 그와 동침하기를 끈질기게 요구할 때도 **"내가 어찌 이 큰 악을 행하여 하나님께 죄를 지으리이까."**(창39:9)라며 그녀의 유혹을 단호히 뿌리쳤다. 모세는 사십 세 때 애굽 사람을 쳐 죽일 당시에는 좌우를 살펴 사람이 없음을 보는 자였지만(출2:12), 사십 년 미디안 광야의 연단을 거친 뒤에는 보이지 아니하는 하나님을 보는 것 같이 하여 참았다.(히11:27) 예레미야는 백성들에게 많은 핍박을 받으면서도 **"내 입술에서 나온 것이 주의 목전에 있나이다."**(렘17:16)라고 하나님께 고백하였고, 바울 사도는 하나님의 말씀을 '하나님 앞에서와 그리스도 안에서' 말한다고 하였다.(고후

2:17) 또한 로마의 백부장 고넬료는 구원의 말씀을 들을 때 베드로에게 **"이제 우리는 주께서 당신에게 명하신 모든 것을 듣고자 다 하나님 앞에 있나이다"**(행10:33)라고 고백하였다.

반면, 코람 데오의 삶이 아닌 불신앙의 삶을 살다가 하나님의 심판을 받은 아합 왕의 경우를 보자. 그는 왕궁 곁에 있는 나봇의 포도원을 탐내어 차지하려 하였다. 하지만 나봇은 자기 조상의 유업을 줄 수 없다며 아합 왕의 요청을 거절하였다.(신19:14) 그러자, 아합 왕은 악한 아내 이세벨의 술수에 따라 불량자 두 거짓 증인을 세워 나봇을 돌로 쳐 죽이고, 나봇이 죽은 후 그의 포도원을 취하였다. **"망령된 증인은 정의를 업신여기고 악인의 입은 죄악을 삼키느니라."**(잠19:28) **"낯선 자들이 일어나 나를 치고 포악한 자들이 나의 생명을 수색하며 하나님을 자기 앞에 두지 아니하였음이니이다."**(시54:3)

이때 하나님은 엘리야 선지자에게 말씀하셨다. **"너는 일어나 내려가서 사마리아에 있는 이스라엘의 아합 왕을 만나라 그가 나봇의 포도원을 차지하러 그리로 내려갔나니 너는 그에게 말하기를 여호와의 말씀이 네가 죽이고 또 빼앗았느냐 하셨다 하고 또 그에게 이르기를 여호와의 말씀이 개들이 나봇의 피를 핥은 곳에서 개들이 네 피 곧 네 몸의 피도 핥으리라 하였다 하라."**(왕상21:18~19) 아합 왕은 이 예언대로 아람과의 전쟁에서 그의 병거 위에서 죽고 만다. 그의 피가 묻은 병거를 사마리아 못에서 씻을 때 개들이 그의 피를 핥아 먹었다. **"자기의 계획을 여호와께 깊이 숨기려 하는 자들은 화 있을진저 그들의 일을 어두운 데에서 행하며 이르기를 누가 우리를 보랴 누가 우리를 알랴 하니 너희의 패역함이 심하도다."**(사29:15~16)

하나님은 우리의 모든 행위를 다 보시고, 우리의 모든 말을 다 듣고 계시며, 우리의 생각까지 꿰뚫어 보신다. **"주께서 내가 앉고 일어섬을 아시고 멀리서도 나의 생각을 밝히 아시오며 나의 모든 길과 내가 눕는 것을 살펴보셨으므로 나의 모든 행위를 익히 아시오니 여호와여 내 혀의 말을 알지 못하시는 것이 하나도 없으시니이다."**(시139:2~4) 다윗은 이 믿음으로 늘 하나님을 그의 앞에 모시고 살았다. **"나를 훈계하신 여호와를 송축할지라 밤마다 내 양심이 나를 교훈하도다 내가 여호와를 항상 내 앞에 모심이여 그가 나의 오른쪽에 계시므로 내가 흔들리지 아니하리로다."**(시16:7~8) 엠마오로 가던 두 제자는 길에서 부활하신 예수님을 만났다. 예수님이 그들에게 떡을 떼어 주실 때, 그들의 영혼의 눈은 밝아졌지만 육신의 눈으로는 더 이상 예수님을 볼 수 없었다. 하지만 그들의 마음에는 예수님이 그들에게 성경을 풀어 주실 때 주셨던 뜨거운 말씀의 능력이 함께 하였다. 그때부터 그들은 육신의 눈으로 보이는 예수님이 아니라, 그들과 함께 하시는 부활하신 예수님의 말씀과 동행하는 삶을 살게 되었다. **"우리에게 말씀하시고 우리에게 성경을 풀어 주실 때에 우리 속에서 마음이 뜨겁지 아니하더냐."**(눅24:32)

하나님에 대한 이 믿음을 소유한 우리는 모든 일에 하나님을 의식하며 '코람 데오,' '리프네 아도나이'(לפני אדני)의 거룩한 삶을 살아갈 수 있다. 이 세상에서의 매 순간의 삶을 백보좌 앞에 서게 될 날로 여기며 살아가기 때문이다.(계20:13) **"나를 보내신 이가 나와 함께 하시도다 나는 항상 그가 기뻐하시는 일을 행하므로 나를 혼자 두지 아니하셨느니라."**(요8:29) 또한 히스기야처럼 고난 중에도 하나님과 의논하여 하나님의 크신 능력의 도우심을 받으며 살아갈 수 있다. **"네가 물 가운데로 지날 때에 내가 너와 함께 할 것이라 강을 건널 때에 물이 너를 침몰하지 못할 것이며 네가 불 가운데로 지날 때에 타지도 아니할 것이요 불꽃이 너를 사르지도 못하리니."**(사43:2)

18

사람과의 의논 vs 하나님과의 의논

"이는 우리가 전에 왕에게 아뢰기를 우리 하나님의 손은 자기를 찾는 모든 자에게 선을 베푸시고 자기를 배반하는 모든 자에게는 권능과 진노를 내리신다 하였으므로 길에서 적군을 막고 우리를 도울 보병과 마병을 왕에게 구하기를 부끄러워 하였음이라."(스8:22)

잠19:7에는 이런 말씀이 나온다. **"가난한 자는 그의 형제들에게도 미움을 받거든 하물며 친구야 그를 멀리하지 아니하겠느냐 따라가며 말하려 할지라도 그들이 없으졌으리라."** 사람은 아무리 가까운 친구라 할지라도 거듭하여 도움을 구하면 싫어하고, 결국에는 친구 사이의 우정마저 잃어버리고 만다.

하지만, 하나님은 자신과 의논하지 않고 다른 사람이나 세상을 의지할수록 기뻐하지 않으신다. 하나님은 이스라엘 백성들이 그를 의지하지 않고 이웃 애굽이나 바벨론 제국에 도움을 구할 때면 어김없이 그들을 징계하셨다. 세상 권력의 헛됨을 깨닫게 하시고, 하나님을 의지하는 것만이 승리의 길이요 복된 길임을 거듭 가르치셨다. **"이스라엘의 교만은 그 얼굴에 드러났나니 그들이 이 모든 일을 당하여도 그들의 하나님 여**

호와께로 돌아오지 아니하며 구하지 아니하도다 에브라임은 어리석은 비둘기 같이 지혜가 없어서 애굽을 향하여 부르짖으며 앗수르로 가는도다."(호7:10~11)

바사 왕 아닥사스다가 통치할 때였다. 에스라는 아론의 십육대 손으로 모세의 율법에 익숙한 학자였다. 그는 하나님의 도우심을 받아 왕에게 구하는 것은 다 받을 만큼 왕에게 신임을 받고 있었다. 아닥사스다 왕 제 칠년이었다. 그는 하나님의 율법을 연구하여 준행하며, 그 율례와 규례를 이스라엘에게 가르치기를 결심하고 예루살렘을 향하여 떠날 채비를 하였다. 왕은 조서를 내려 바사 제국에 사는 이스라엘 백성들과, 제사장들과, 레위 사람들 중에 예루살렘으로 올라갈 뜻이 있는 자는 에스라와 함께 모두 올라갈 것을 허락하였다. 왕과 자문관들이 하나님께 드린 은금과, 그들이 드린 예물을 함께 가지고 갈 것을 명령하였다. 또한 왕은 유브라데 강 건너편 모든 창고지기에게 조서를 내려 에스라가 구하는 것을 그에게 주되, 은은 백 달란트까지, 밀은 백 고르까지, 포도주와 기름은 백 밧까지, 소금은 정량 없이 공급할 것을 아울러 명령하였다.

왕의 조서를 받은 에스라는 아하와 강가에서 금식을 선포하고 스스로 겸비하여 하나님께 평탄한 길을 간구하였다. 그리하여 그와 함께 한 백성들은 대적과 길에 매복한 사람들의 손에서 건짐 받고 무사히 예루살렘에 도착할 수 있었다. 에스라가 이렇게 한 이유는, 그가 전에 왕에게 **"우리 하나님의 손은 자기를 찾는 모든 자에게 선을 베푸시고 자기를 배반하는 모든 자에게는 권능과 진노를 내리신다."**(스8:22)고 하였기 때문에, 길에서 적군을 막고 그들을 도울 보병과 마병을 왕에게 구하기를 부끄러워하였기 때문이었다. **"여호와의 눈은 온 땅을 감찰하사 전심으로 자기에게 향하는 자들을 위하여 능력을 베푸시나니."**(대하16:9)

유다 왕 아마샤의 경우를 보자. 그는 세일 자손과의 전쟁에 앞서 이스라엘에서 큰 용사 십만 명을 고용하였다. 이때 어떤 하나님의 사람이 그에게 와서 **"왕이 만일 가시거든 힘써 싸우소서 하나님이 왕을 적군 앞에 엎드러지게 하시리이다 하나님은 능히 돕기도 하시고 능히 패하게도 하시나이다"**(대하25:8)라고 말하며, 그의 군대를 이스라엘 용병들과 함께 전장으로 보내지 말 것을 명하였다. 하나님은 그들이 악한 이스라엘 자손과 함께 하는 것을 원하지 않으셨기 때문이었다. **"너희는 믿지 않는 자와 멍에를 함께 하지 말라 의와 불법이 어찌 함께 하며 빛과 어둠이 어찌 사귀며 그리스도와 벨리알이 어찌 조화되며 믿는 자와 믿지 않는 자가 어찌 상관하며."**(고후6:14~15) 아마샤는 이 말을 듣고 담력을 내어 이스라엘 용병들을 돌려보낸 뒤 전장에 나갔다. 아마샤는 소금 골짜기에서 세일 자손 만 명을 죽이고, 또 그들 중 만 명을 사로잡아 바위 꼭대기에 올라가서 거기서 그들을 밀쳐 내려뜨려서 그들의 온몸이 부서지게 하였다. 하지만 이스라엘 용병들은 돌아가는 길에 유다 성읍들을 약탈하고, 사람 삼천 명을 죽이고, 많은 물건들을 노략하였다. 아마샤가 처음에 그들을 의지한 결과였다.

아사 왕의 경우를 보자. 구스 사람 세라가 군사 백만 명과 병거 삼백 대를 거느리고 유다를 공격할 때였다. 아사 왕은 그들을 맞서 마레사의 스바다 골짜기에 진을 치고 하나님께 부르짖어 기도하였다. **"여호와여 힘이 강한 자와 약한 자 사이에는 주밖에 도와 줄 이가 없사오니 우리 하나**

님 여호와여 우리를 도우소서 우리가 주를 의지하오며 주의 이름을 의탁하옵고 이 많은 무리를 치러 왔나이다 여호와여 주는 우리 하나님이시오니 원하건대 사람이 주를 이기지 못하게 하옵소서."(대하14:11) 하나님은 아사의 기도를 들으시고 그에게 큰 승리를 허락하셨다. 아사와 유다 사람들 앞에서 구스 군대를 치셔서 그들 중 살아남은 자가 아무도 없었다.

여호사밧 왕도 그러하였다. 암몬과 모압 자손들이 마온 사람들과 연합하여 유다를 공격할 때였다. 여호사밧 왕은 두려워하여 하나님께로 낯을 향하여 간구하였다. **"우리 하나님이여 그들을 징벌하지 아니하시나이까 우리를 치러 오는 이 큰 무리를 우리가 대적할 능력이 없고 어떻게 할 줄도 알지 못하옵고 오직 주만 바라보나이다."**(대하20:12) 하나님은 여호사밧의 기도를 들으시고 레위 사람 야하시엘을 통해 말씀하셨다. **"이 전쟁에는 너희가 싸울 것이 없나니 대열을 이루고 서서 너희와 함께 한 여호와가 구원하는 것을 보라 유대와 예루살렘아 너희는 두려워하지 말며 놀라지 말고 내일 그들을 맞서 나가라 여호와가 너희와 함께 하리라 하셨느니라."**(대하20:17) 여호사밧 왕과 백성들은 몸을 굽혀 얼굴을 땅에 대고 하나님께 경배 드렸다. 그리고 노래하는 자들에게 거룩한 예복을 입히고 군대 앞에서 행진하며 하나님을 찬송하게 하였다. 하나님은 그 노래와 찬송이 시작될 때 적들을 치셨다. 적들의 진영에는 자중지란이 일어나 서로를 쳐죽이고, 그들 중 한 사람도 살아서 도망한 자가 없었다. 유다 백성들이 한 일은 사흘 동안 적의 물건들을 취하고 브라가 골짜기에 모여 하나님을 송축하는 일뿐이었다.

에스라와 아사, 여호사밧처럼, 어떤 상황에서도 먼저 하나님과 의논하며 그의 도우심을 구하자. 사도 바울은 다메섹 도상에서 부활하신 예수님을 만나고 나서 그의 혈육과 의논하지 않았다. 그보다 먼저 사도된 자들을 만나려고 예루살렘으로 가지도 아니하고 아라비아 광야에서 하나님과 독대하는 시간을 보내었다.(갈1:16~17) 삼 년이란 그 시간이 '다소의 사울'을 '로마서의 바울'로 만들었다.

환난의 때일수록 사람이나 세상의 도움을 구하기보다 먼저 살아 계신 하나님의 얼굴을 구하자. 그 일이야말로 하나님을 가장 기쁘시게 해드리는 믿음의 행위임을 기억하자. **"환난 날에 나를 부르라 내가 너를 건지리니 네가 나를 영화롭게 하리로다."**(시50:15) **"네가 만일 환난 날에 낙담하면 네 힘이 미약함을 보임이니라."**(잠24:10) 환난은 사람과 의논하는 우리를 하나님과 의논하는 사람으로 변화시키기 위해 하나님이 보내신 은혜의 선물임을 기억하자. **"내가 받는 고난으로 말미암아 여호와께 불러 아뢰었더니 주께서 내게 대답하셨고."**(욘2:2)

19

내 마음에 주신 것을

"내 하나님께서 예루살렘을 위해 무엇을 할 것인지 내 마음에 주신 것을 내가 아무에게도 말하지 아니하고 밤에 일어나 몇몇 사람과 함께 나갈새 내가 탄 짐승 외에는 없더라."(느2:12)

느헤미야가 아닥사스다 왕의 술 관원으로 섬기며 수산 궁에 있을 때였다. 느헤미야는 그의 형제들 가운데 하나인 하나니와 그와 함께 유다에서 온 사람들로부터 유다에서 사로잡힘을 면하고 남은 사람들의 형편을 듣게 된다. 그들은 느헤미야에게 유다에 남아 있는 자들이 큰 능욕을 당하고, 예루살렘 성은 무너지고 성문들은 불타버렸다고 전하였다. 느헤미야는 이 말을 듣고는 앉아서 울고 수일 동안 슬퍼하였다. 하늘의 하나님 앞에 금식하고 회개하며 하나님의 긍휼을 구하였다. 그리고 느헤미야는 아닥사스다 왕 제이십년 니산월에 왕의 목전에서 은혜를 얻어 왕의 조서를 가지고 예루살렘으로 향하게 된다.

느헤미야는 하나님이 예루살렘을 위하여 무엇을 하실 것인지, 그의 마음에 주신 것을 아무에게도 말하지 않았다. 그는 예루살렘에 도착한

지 사흘 만에, 밤에 일어나 몇몇 사람들과 함께 무너진 성벽과 성문의 형편을 은밀히 살펴보았다. 그 뒤에 유다 사람들과, 제사장들과, 귀족들과 방백들에게 **"우리가 당한 곤경은 너희도 보고 있는 바라 예루살렘이 황폐하고 성문은 불탔으니 자, 예루살렘 성을 건축하여 다시 수치를 당하지 말자"**(느2:17) 하고, 또 그들에게 하나님의 선한 손이 그를 도우신 일과 왕이 그에게 이른 말을 전하였다. 그들은 느헤미야의 이 말을 듣고 '일어나 건축하자' 하고, 모든 백성들도 힘을 내어 성벽과 성문의 재건을 위해 일을 시작하게 되었다.

느헤미야는 수산 궁에서 처음 예루살렘의 형편을 전해 듣고는, 불타고 허물어진 예루살렘 성벽과 성문을 어떻게 재건할 것인지에 대해 깊이 하나님과 의논하였을 것이다. 그리고 예루살렘에 도착한 다음, 느헤미야는 백성들 몰래 먼저 그의 눈으로 직접 그 형편을 살펴본 뒤 재차 기도로 하나님의 뜻을 구하였을 것이다. 마침내 그가 지도자들과 백성들에게 그동안 하나님의 선한 인도하심과 왕의 말을 전했을 때, 백성들은 주저 없이 그의 말이 하나님의 뜻임을 확신하고 그 일에 흔쾌히 순종할 수 있었을 것이다. **"지혜자의 마음은 때와 판단을 분변하나니."**(전8:5) **"스알디엘의 아들 스룹바벨과 여호사닥의 아들 대제사장 여호수아와 남은 모든 백성이 그들의 하나님 여호와의 목소리와 선지자 학개의 말을 들었으니 이는 그들의 하나님 여호와께서 그를 보내셨음이라."**(학1:12)

다니엘도 그러하였다. 아하수에로의 아들 다리오 통치 원년의 일이었다. 다니엘은 하나님이 선지자 예레미야에게 알려 주신 그 연수, 곧 예루살렘의 황폐함이 칠십 년 만에 그치리라는 말씀을 책을 통해 깨달아 알게 되었다. 다니엘은 그 약속의 말씀을 굳게 믿고, 금식하며 베옷을 입고, 재를 머리에 덮어쓰고 하나님께 예루살렘의 회복을 위해 간절히 기도하였다. 하나님은 가브리엘을 보내어 그의 기도에 응답해 주셨다. 칠십 년 뒤의 예루살렘의 회복은 물론, 장차 메시야를 통해 이루실 하나님 나라의 비밀을 그에게 알려 주셨다.(단9:25~27)

무너지고 황폐한 하나님 나라를 다시 세워가려면, 우리는 먼저 지난날 하나님이 베푸신 선한 약속의 말씀과 증거들을 굳게 믿어야 한다. 현재의 황폐한 상황을 또한 직시하여야 한다. 나아가 앞서 행하시는 하나님의 일하심을 믿고, 하나님의 때와 하나님의 방법을 따라 순종해야 한다. 하나님 나라는 먼저 내 마음 안에 이루어져야 하며 내가 속한 공동체에 이루어져야 한다. 이를 위해, 우리는 먼저 내 마음에 주시는 하나님의 소원을 품고 기도하여야 한다. 그리고 하나님의 눈으로 현재의 상황을 잘 분별하며, 그동안 인도하신 하나님의 선하심을 믿고 믿음의 사람들과 함께 하나님의 뜻을 순종하며 나아가야 한다.

우리는 또한 우리가 해야 할 일과 하나님이 하실 일을 잘 분별해야 한다. 홍해의 기적 사건을 보아서도 그러하다. 이스라엘 백성들이 출애굽 이후 홍해에 다다랐을 무렵이었다. 이스라엘 백성들은 앞은 바다요, 좌우는 절벽이요, 뒤에는 바로의 애굽 군대가 추격하고 있는 진퇴양난의 상황이었다. 이때 이스라엘 백성들은 **"우리가 애굽에서 당신에게 이른 말이 이것이 아니냐 이르기를 우리를 내버려 두라 우리가 애굽 사람을 섬길 것이라 하지 아니하더냐 애굽 사람을 섬기는 것이 광야에서 죽는 것보다 낫겠느라"**(출14:12)라며 모세를 원망하였다. 모세는 백성들에게 말하였다.

"너희는 두려워하지 말고 가만히 서서 여호와께서 오늘 너희를 위하여 행하시는 구원을 보라 너희가 오늘 본 애굽 사람을 영원히 다시 보지 아니하리라 여호와께서 너희를 위하여 싸우시리니 너희는 가만히 있을지니라."(출14:13~14) 비록 이스라엘 백성들이 하나님을 신뢰하지 못하고 모세를 원망하긴 하였지만, 그들은 이 말씀을 듣고 두려움 가운데서도 잠잠히 하나님의 일하심을 기다리고 있었다.

만일 그들이 자신들의 힘으로 홍해를 건너가려고 했다면, 그들은 모두 바닷물에 휩쓸려 익사하고 말았을 것이다. 홍해를 갈라지게 하는 일은 하나님의 일이요, 그때 우리가 할 수 있는 일이라고는 가만히 서서 하나님이 하시는 일을 보는 것이기 때문이다. 하지만 하나님이 바다를 갈라지게 하시고 나면, 우리는 물이 벽이 된 홍해로 두려움 없이 걸어 들어가 믿음으로 바다를 건너가야 한다. 만일 그렇게 하지 않으면 추격하는 애굽 군대에게 죽임을 당할 수밖에 없기 때문이다. **"하나님이 모든 것을 지으시되 때를 따라 아름답게 하셨고 …… 하나님이 행하시는 모든 것은 영원히 있을 것이라 그 위에 더 할 수도 없고 덜 할 수도 없나니 하나님이 이같이 행하심은 사람들이 그의 앞에서 경외하게 하려 하심인 줄을 내가 알았도다."**(전3:11~14) 우리 스스로 믿음으로 일할 때와, 하나님의 일하심을 믿고 기다려야 할 때를 분별하며 하나님 나라의 선한 도구가 되자. **"이에 시어머니가 이르되 내 딸아 이 사건이 어떻게 될지 알기까지 앉아 있으라 그 사람이 오늘 이 일을 성취하기 전에는 쉬지 아니하리라."**(룻3:18)

"경우에 합당한 말은 아로새긴 은 쟁반에 금 사과니라."(잠25:11) 말할 때와 침묵할 때를 분별하며 순종의 걸음으로 하나님을 뒤따르자.(전3:7) 모든 일에 하나님과 기도로 의논하며 신실하신 그분의 능력을 의지하자. 하나님은 자신의 약속하신 말씀을 기도를 통해 우리와 함께 이루어 가시기를 기뻐하신다. **"주 여호와께서 이같이 말씀하셨느니라 그래도 이스라엘 족속이 이같이 자기에게 이루어 주기를 내게 구하여야 할지라 내가 그들의 수효를 양 떼 같이 많아지게 하되 제사 드릴 양 떼 곧 예루살렘이 정한 절기의 양 무리 같이 황폐한 성읍을 사람의 떼로 채우리라."**(겔36:37~38) **"나를 믿는 자는 내가 하는 일을 그도 할 것이요 또한 그보다 큰일도 하리니 이는 내가 아버지께로 감이라."**(요14:12)

20

기도의 동역자

"이에 다니엘이 자기 집으로 돌아가서 그 친구 하나냐와 미사엘과 아사랴에게 그 일을 알리고 하늘에 계신 하나님이 이 은밀한 일에 대하여 불쌍히 여기사 다니엘과 친구들이 바벨론의 다른 지혜자들과 함께 죽임을 당하지 않게 하시기를 그들로 하여금 구하게 하니라."(단2:17~18)

전도서에는 다음과 같은 말씀이 있다. **"한 사람이면 패하겠거니와 두 사람이면 맞설 수 있나니 세 겹 줄은 쉽게 끊어지지 아니하느니라."**(전4:12) 이는 아무리 어려운 일이라도 함께 협력하면 그 일을 수월하게 해 낼 수 있음을 가르치는 말씀이다.

다니엘은 유다 왕 여호야김 삼 년에 바벨론에 포로로 잡혀갔다. 바벨론 왕은 이스라엘 자손 중에서 왕족 및 귀족 몇 사람 곧 흠이 없고 용모가 아름다우며, 모든 지혜를 통달하며, 학문에 익숙하여 왕궁에 설 만한 소년들을 데려오게 하였다. 그들에게 갈대아 사람들의 학문과 언어를 가르치고, 왕이 지정하여 주는 음식을 먹고 포도주를 마시며 삼 년을 양육 받은 뒤 왕 앞에 서야 했다. 그러나 다니엘은 왕의 음식으로 자신을 더럽히지 않기 위해 환관장에게 채식을 하고 물을 먹기를 구하였다. 기한이 지나 그가 왕 앞에 부름을 받았을 때, 바벨론 왕은 다니엘의 지혜가 바벨론 온 나라의 박수보다 십 배나 나은 줄을 알았다.

느부갓네살 왕이 다스린 지 이 년 무렵이었다. 느부갓네살 왕은 한 꿈을 꾸고 번민하여 잠을 이루지 못했다. 왕은 갈대아 술사들을 불러 꿈의 해석을 명하였으나, 그들은 왕에게 **"왕께서 물으신 것은 어려운 일이라 이는 육체와 함께 살지 아니하는 신들 외에는 왕 앞에 그것을 보일 자가 없나이다."**(단2:11)라고 말하였다. 왕은 그 말에 더욱 진노하고 통분하여 모든 갈대아 술사들을 죽이라고 명령하였다. 이 일로 다니엘과 그의 세 친구들도 그들과 함께 죽임을 당할 위험에 처하게 되었다. 이에 왕의 근위대장 아리옥이 왕의 명을 받아 지혜자들을 죽이러 갈 때였다. 다니엘이 그를 통해 위급한 사정을 듣고는, 왕에게 들어가서 **"시간을 주시면 그 해석을 알려 드리리이다."**(단2:16)라며 왕에게 간청하였다.

다니엘은 자기 집으로 돌아가서 세 친구들에게도 이 일을 알렸다. 그리고 하늘의 하나님께서 이 은밀한 일에 대해 알려 주셔서, 그와 그의 세 친구들이 바벨론 지혜자들과 함께 죽임을 당하지 않도록 하나님께 간절히 기도하였다. 하나님은 다니엘의 기도에 응답해 주셔서, 그는 왕에게 나아가 왕이 꾼 꿈을 해석해 주게 된다. 바벨론 왕은 다니엘의 하나님을 찬양하며 다니엘을 높여 그에게 귀한 선물을 많이 주었다. 그를 세워 바벨론 온 지방을 다스리게 하고 바벨론 모든 지혜자의 어른으로 삼았다.

다니엘은 위기의 상황 가운데서도 무엇보다 기도에 힘썼다.(단6:10) 기도의 동역자들에게 도움을 구하는 것도 잊지 않았다. 믿음의 사람들이 함께 모여 하나님의 얼굴을 구하면 반드시 하나님의 구원의 역사를 이루게 됨을 믿었기 때문이다. **"당신은 가서 수산에 있는 유다인을 다 모으고 나를 위하여 금식하되 밤낮 삼 일을 먹지도 말고 마시지도 마소서 나도 나의 시녀와 더불어 아침에 이렇게 금식한 후에 규례를 어기고 왕에게 나아가리니 죽으면 죽으리이다."**(에4:16) **"주여 구하오니 귀를 기울이사 종의 기도와 주의 이름을 경외하기를 기뻐하는 종들의 기도를 들으시고 오늘 종이 형통하여 이 사람들 앞에서 은혜를 입게 하옵소서 하였나니."**(느1:11) 이스라엘 백성들이 광야를 지날 때에 르비딤에서 원수 아말렉과 전쟁을 할 때였다. 여호수아는 군사들과 함께 전장에 나가 싸우고, 모세와 아론과 훌은 산꼭대기로 올라가서 하나님께 기도하였다. 이때 모세가 손을 들면 이스라엘이 이기고 그가 손을 내리면 아말렉이 이겼다. 그래서 아론과 훌은 돌을 가져다가 모세가 그 돌 위에 앉게 하고, 그들이 양쪽에서 모세의 손을 붙들어 올려 이스라엘은 아말렉을 크게 무찌르고 승리할 수 있었다.(출17:8~16)

예수님도 십자가의 무거운 짐을 지시기 위해 제자들의 기도를 요청하셨다.(마26:37) 바울 사도 또한 에베소 성도들에게 자신의 선교 사역을 위해 기도를 요청하였다. **"또 나를 위하여 구할 것은 내게 말씀을 주사 나로 입을 열어 복음의 비밀을 담대히 알리게 하옵소서 할 것이니 이 일을 위하여 내가 쇠사슬에 매인 사신이 된 것은 나로 이 일에 당연히 할 말을 담대히 하게 하려 함이라."**(엡6:19~20) 기도의 동역자가 중요하다. **"두 사람이 한 사람보다 나음은 그들이 수고함으로 좋은 상을 얻을 것임이라."**(전4:9)

영국의 왕 제임스 1세의 모친인 스코틀랜드의 메리 여왕은 "일만 명의 군사보다 낙스의 기도들을 더 두려워하였다"고 한다. 한 사람의 믿음의 기도가 사단의 진영에 얼마나 큰 두려움의 대상이 되는가를 잘 가르쳐 준다. 하나님은 믿음의 사람들이 간절한 믿음으로 함께 모여 그와 의논하는 기도에는 반드시 승리의 열매로 응답하시기 때문이다. **"진실로 다시 너희에게 이르노니 너희 중의 두 사람이 땅에서 합심하여 무엇이든지 구하면 하늘에 계신 내 아버지께서 그들을 위하여 이루게 하시리라 두세 사람이 내 이름으로 모인 곳에는 나도 그들 중에 있느니라."**(마18:19~20)

21

마지막 의논

"이르되 예수여 당신의 나라에 임하실 때에 나를 기억하소서."(눅23:42)

성경에는 의논 한마디로 그들의 영원한 운명이 달라진 두 사람이 나온다. 예수님이 골고다 언덕 위의 십자가에서 죽음을 당하실 때, 다른 두 행악자도 예수님 좌우의 십자가에 매달려 함께 사형을 받게 된다. 백성은 서서 구경하고, 관리들은 **"저가 남을 구원하였으니 만일 하나님이 택하신 자 그리스도이면 자신도 구원할지어다."**(눅23:35)하며 예수님을 조롱하였다. 군인들도 **"네가 유대인의 왕이면 네가 너를 구원하라"**(눅23:37)며 예수님을 희롱하였다. 다윗은 이미 오래전에 이 일을 예언하였다. **"나를 보는 자는 다 나를 비웃으며 입술을 비쭉거리고 머리를 흔들며 말하되 그가 여호와께 의탁하니 구원하실 걸 그를 기뻐하시니 건지실 걸 하나이다."**(시22:7~8)

달린 행악자 중 한 사람은 예수님을 비방하며 **"네가 그리스도가 아니냐 너와 우리를 구원하라."**(눅23:39) 하되, 하나는 그를 꾸짖으며 말했다. **"네가 동일한 정죄를 받고서도 하나님을 두려워하지 아니하느냐 우리는 우리가 행한 일에 상당한 보응을 받는 것이니 이에 당연하거니와 이 사람이 행한 것은**

옳지 않은 것이 없느니라."(눅23:41) 그리고 그는 예수님께 간구하였다. **"예수여 당신의 나라에 임하실 때에 나를 기억하소서."**(눅23:42) 예수님은 그에게 **"내가 진실로 네게 이르노니 오늘 네가 나와 함께 낙원에 있으리라."**(눅23:43)고 말씀하시고 즉시 그의 영혼을 구원하셨다. 예수님은 죄인이 죽음 직전에라도 회개하며 그에게로 돌이키기만 하면, 그의 죄를 값없이 용서하시고 그에게 영원한 생명을 주신다. 그가 아무리 흉악한 강도 같은 죄인이라 할지라도 말이다. 예수님은 '마지막 의논 한마디'로 구원받은 한 편 강도처럼, 지금도 세상 모든 사람들이 이 은혜를 누리기를 간절히 소원하고 계신다.

성경에 나오는 다른 인물들을 보자. 나발은 큰 부자였다. 어느 날 다윗은 그의 사환들을 보내 나발에게 음식을 구하였다. 나발은 **"내가 어찌 내 떡과 물과 내 양털 깎는 자를 위하여 잡은 고기를 가져다가 어디서 왔는지도 알지 못하는 자들에게 주겠느냐."**(삼상25:11)며 이를 단호히 거절하였다. 나발은 그의 종들이 양을 지키는 동안 다윗과 그의 사환들이 밤낮 그들의 담이 되어 그들을 지켜 준 호의를 무시하였다. 다윗이 이 말을 듣고는 즉시 그의 사환들을 데리고 나발을 죽이려고 길을 나섰다. 하지만 다윗은 가는 도중에 나발의 아내 아비가일의 지혜로운 간청을 듣고 나발을 용서하였다.

아비가일이 다윗을 돌려보낸 뒤 집으로 돌아와 보니 나발은 왕의 잔치 같은 잔치를 베풀고 크게 취하여 마음에 기뻐하였다. **"자는 자들은 밤에 자고 취하는 자들은 밤에 취하되 우리는 낮에 속하였으니 정신을 차리고 믿음과 사랑의 호심경을 붙이고 구원의 소망의 투구를 쓰자."**(살전5:7~8) 아비가일은 밝는 아침까지는 나발에게 아무 말도 하지 않았다. 아비가일이 아침에 포도주에서 깨어난 나발에게 다윗의 일을 말하자, 나발은 낙담하여 그의 몸이 돌과 같이 되었다. 그리고 그는 한 열흘 뒤에 하나님이 치셔서 죽고 말았다. 나발이 그의 아내의 간청으로 간신히 죽음을 모면했다는 사실을 안 그때라도, 즉시 다윗에게 나아가 용서를 구하였다면 그는 목숨을 건졌을지도 모른다. 십 일간의 시간이 나발에게는 다윗과의 마지막 의논의 기회였기 때문이다. 하지만 나발은 십 일 동안 두려워 떨며 낙담하기는 했지만 다윗과 의논하지 않아 결국 죽음을 맞이하게 된다.

아간 또한 그러하였다. 그는 하나님의 말씀을 어기고 여리고 성에 있는 시날 산의 아름다운 외투 한 벌과, 은 이백 세겔과, 오십 세겔 되는 금덩이 하나를 탐내어 자기 장막 가운데 땅 속에 감추어 놓았다. **"너희는 온전히 바치고 그 바친 것 중에서 어떤 것이든지 취하여 너희가 이스라엘 진영으로 바치는 것이 되게 하여 고통을 당하게 되지 아니하도록 오직 너희는 그 바친 물건에 손대지 말라."**(수6:18) 이 일로 이스라엘 백성들은 아이 성 전투에서 패하게 된다. 이때 하나님은 아이 성 전투에서 패배한 것이 누구의 죄 때문인지 알게 하시기 위해 여호수아에게 이렇게 명하셨다. **"너희는 아침에 너희 지파대로 가까이 나아오라 여호와께 뽑히는 그 지파는 그 족속대로 가까이 나아올 것이요 여호와께 뽑히는 족속은 그 가족대로 가까이 나아올 것이요 여호와께 뽑히는 그 가족은 그 남자들이 가까이 나아올 것이며 온전히 바친 물건을 가진 자로 뽑힌 자를 불사르되 그와 그의 모든 소유를 그리하라."**(수7:14~15) 하지만 아간은 유다 지파가 뽑히고, 유다 지파에서 세라 족속이 뽑히고, 세라 족속의 남자 중에서 삽디가 뽑힐 때까지 하나님께 그의 죄를 자복하지 않았다. 삽디가 뽑힐 때까지 마지막 의논의 시간이 주어졌는데, 아간은 이 기회마저 놓쳐 결국 멸망하고 말았다.

아간이 삽디가 뽑히기 전에 그의 죄를 고백했더라도, 아마 그는 이미 하나님의 말씀을 불순종했기 때문에 죽임을 당하였을 것이다. 다만 아간이 그의 죄를 고백했더라면, 그는 하나님의 심판대 앞에서 조금은 덜 부끄러울 것이다.(고전5:5) 그날은 우리의 모든 행위의 의도까지 살피시는 하나님 앞에 각인이 자기의 일을 직고하게 될 날이기 때문이다. **"주께서 이르시되 내가 살았노니 모든 무릎이 내게 꿇을 것이요 모든 혀가 하나님께 자백하리라 하였느니라 이러므로 각 사람이 자기 일을 하나님께 직고하리라."**(롬14:11~12) **"그러므로 때가 이르기 전 곧 주께서 오시기까지 아무것도 판단하지 말라 그가 어둠에 감추인 것들을 드러내고 마음의 뜻**(원문에는 '동기-βουλὰς'라는 의미)**을 나타내시리니 그때에 각 사람에게 하나님으로부터 칭찬이 있으리라."**(고후4:5)

반면, 유다의 히스기야 왕은 마지막 의논으로 하나님께 큰 은혜를 받은 사람이다. 어느 날 히스기야가 죽을 병이 들자, 하나님은 이사야 선지자를 그에게 보내어 말씀하셨다. **"너는 집을 정리하라 네가 죽고 살지 못하리라 하셨나이다."**(왕하20:1) 히스기야는 그의 낯을 벽으로 향하고 심히 통곡하며 하나님께 간절히 기도하였다. 하나님은 이사야 선지자를 그에게 다시 보내어 이렇게 말씀하셨다. **"내가 네 기도를 들었고 네 눈물을 보았노라 내가 너를 낫게 하리니 네가 삼 일 만에 여호와의 성전에 올라가겠고 내가 네 날에 십오 년을 더할 것이며 내가 너와 이 성을 앗수르 왕의 손에서**

구원하고 내가 나를 위하고 또 내 종 다윗을 위하므로 이 성을 보호하리라."(왕하20:5~6) 하나님은 히스기야의 간절한 눈물의 기도를 들으시고 즉시 그를 불쌍히 여겨 주셨다. 다윗과 맺은 언약을 친히 이루시기 위해 그의 생명의 회복은 물론, 십오 년의 수명을 연장시켜 주셨고 앗수르 제국에게서도 건져 주셨다.

라합의 경우를 보자. 라합은 하나님이 홍해 물을 마르게 하시고, 아모리 사람의 두 왕 시혼과 옥을 진멸하신 일을 듣고 그의 정신을 잃을 정도였다. 때마침 여호수아가 보낸 이스라엘 두 정탐꾼이 그의 집에 유숙하러 들어왔을 때, 그녀는 그들에게 이스라엘의 하나님이 상천하지에 참 하나님이심을 고백하였다. 그들을 여리고 군사들로부터 숨겨 주며, 그들에게 그의 가족과 그에게 속한 모든 사람을 살려 줄 증표를 요구하였다. 하나님이 보내신 두 정탐꾼들과 마지막 의논을 한 것이다. 그리하여 라합은 여리고 성이 멸망할 때 정탐꾼들이 그에게 증표로 준 붉은 줄(원문에는 '붉은 줄의 소망-תקוה'으로 되어 있음)을 그의 집 창문에 달아 내려, 그와 그에게 속한 모든 사람들을 구원하였다. **"믿음으로 기생 라합은 정탐꾼을 평안히 영접하였으므로 순종하지 아니한 자와 함께 멸망하지 아니하였도다."**(히11:31)

한편, 성경에는 마지막 의논 한마디로 하나님의 큰 구원의 역사를 이룬 사건이 나온다. 삼손은 태에서부터 하나님께 온전히 바쳐진 나실인이었지만 소렉 골짜기의 들릴라라는 여인을 사랑하였다. 블레셋 방백들은 들릴라를 많은 은으로 매수하고 자기 나라를 괴롭히는 삼손을 죽이기를 계획하였다. 그들은 들릴라에게 삼손을 어떻게 하면 능히 결박하여 굴복하게 할 수 있는지를 알아보라고 종용하였다. 들릴라의 끈질긴 재촉에 심히 번뇌하며 죽을 지경이 되자, 결국 삼손은 그녀에게 그의 진심을 털어놓고 만다. **"내 머리 위에는 삭도를 대지 아니하였나니 이는 내가 모태에서부터 하나님의 나실인이 되었음이라 만일 내 머리가 밀리면 내 힘이 내게서 떠나고 나는 약해져서 다른 사람과 같으리라."**(삿16:17)

들릴라는 삼손의 진심을 듣고 그를 자기 무릎을 베고 자게 하였다. 그리고는 블레셋 사람들을 불러 삼손의 머리카락을 밀고 괴롭게 하자, 삼손의 말대로 곧 그의 힘이 없어졌다. 블레셋 사람들은 삼손을 붙잡아 그의 눈을 빼고, 그를 끌고 가사에 내려가 놋줄로 매고, 그에게 옥에서 맷돌을 갈게 하였다.(왕하25:7) 삼손의 머리털이 밀린 후에 다시 자라기 시작했지만, 불순종 이후 자라난 그의 머리털은 더 이상 나실인의 머리카락이 될 수 없었다.(삿16:22) 블레셋 방백들은 삼손을 그들에게 넘겨준 그들의 신 다곤에게 제사를 드리며 찬양하였다. 그리고 그들의 마음이 즐거울 때에 삼손을 옥에서 불러내어 그들을 위해 재주를 부리게 하였다. 삼손은 재주를 부릴 때 두 기둥 사이에 서 있었다. 삼손은 이때 자기 손을 붙든 소년에게 **"나에게 이 집을 버틴 기둥을 찾아 그것을 의지하게 하라"**(삿16:26)고 부탁하였다. 그 집에는 블레셋의 모든 방백들이 있었고, 블레셋 사람 약 삼천 명이 지붕 위에서 삼손이 재주 부리는 것을 보고 있었다.

"주 여호와여 구하옵나니 나를 생각하옵소서 하나님이여 구하옵나니 이번만 나를 강하게 하사 나의 두 눈을 뺀 블레셋 사람에게 원수를 단번에 갚게 하옵소서."(삿16:28) 삼손은 하나님께 마지막으로 간절히 부르짖어 기도하였다. **"블레셋 사람과 함께 죽기를 원하노라."**(삿16:30) 그리고 그는 집을 버티고 있던 두 기둥을 양손으로 껴 의지하고 힘을 다하여 몸을 굽혔다. 그러자 그 집이 무너져 그곳에 있던 모든 사람들이 죽임을 당하였다. 이때 삼손이 죽인 자가 그가 살았을 때 죽인 자보다 많았다.

죽음 직전의 두려운 순간에라도, 하나님과 의논하는 자는 영생의 선물을 값없이 받게 될 것이다. 마지막 의논이 영원한 생명의 나라의 현관문임을 잊지 말자. 하나님은 지금도 멸망 직전의 나발 같은 영혼들이 예수님의 십자가 앞에 의논하러 나오기를 기다리고 계신다. "나의 하나님, 나의 하나님, 어찌하여 나를 버리셨나이까" 절규하시며, 성부 하나님께 마지막 의논을 하신 예수님이 영생의 천국 문을 활짝 열어 놓으셨기 때문이다. **"하나님은 모든 사람이 구원을 받으며 진리를 아는 데에 이르기를 원하시느니라."**(딤전2:4) **"여호와의 말씀이니라 내가 어찌 악인이 죽는 것을 조금인들 기뻐하랴 그가 돌이켜 그 길에서 떠나 사는 것을 어찌 기뻐하지 아니하겠느냐."**(겔18:23) 또한 비록 범죄하였을지라도, 삼손처럼 회개하며 마지막으로 하나님과 의논하는 자는 하나님의 큰 구원의 역사를 이루게 될 것이다.

22

하나님의 확신

"여러 날 머물러 있더니 아가보라 하는 한 선지자가 유대로부터 내려와 우리에게 와서 바울의 띠를 가져다가 자기 수족을 잡아매고 말하기를 성령이 말씀하시되 예루살렘에서 유대인들이 이같이 이 띠 임자를 결박하여 이방인의 손에 넘겨 주리라 하거늘 우리가 그말을 듣고 그곳 사람들과 더불어 바울에게 예루살렘으로 올라가지 말라 권하니 바울이 대답하되 여러분이 어찌하여 울어 내 마음을 상하게 하느냐 나는 주 예수의 이름을 위하여 결박 당할 뿐 아니라 예루살렘에서 죽을 것도 각오하였노라 하니."(행21:10~13)

사도 바울은 오순절 안에 예루살렘에 도착하기 위해 급히 가는 길에 밀레도에 이르렀다. 바울은 그곳에서 에베소 장로들을 초청하였다. 바울은 그들을 예수님과 그의 은혜의 말씀께 부탁하고 권면한 뒤, 그들과 눈물로 작별의 인사를 나누었다. 그리고는 배를 타고 고스와 로도와 바다라를 지나 두로에 상륙하여 거기서 이레를 머물렀다. 어느 날, 그의 제자들이 찾아와 성령의 감동으로 바울에게 예루살렘으로 올라가지 말 것을 권하였다. 하지만 바울은 그들과 서로 작별한 뒤, 돌레마

이를 지나 가이사랴에 이르러 일곱 집사 중 하나인 빌립의 집에 들어 가서 머물게 된다.

그곳에서 여러 날 지내는 중, 하루는 아가보라 하는 한 선지자가 유다로부터 내려왔다. 아가보는 바울의 일행에게 와서 바울의 띠를 가져다가 자기 수족을 잡아매고 말하기를 **"예루살렘에서 이 띠 임자를 결박하여 이방인의 손에 넘길 것이라"**(행21:10~11)고 예언하였다. 바울의 일행들이 그 말을 듣고는, 그곳 제자들과 더불어 바울더러 예루살렘으로 올라가지 말 것을 재차 권하였다. 하지만 바울은 **"나는 주 예수의 이름을 위하여 결박당할 뿐 아니라 예루살렘에서 죽을 것도 각오하였노라"**(행21:13)며 예루살렘으로 올라가기를 굳게 결심하였다. 바울은 마침내 예루살렘에 도착하여 야고보 사도를 만나 그간의 그의 선교의 여정 가운데 베푸신 하나님의 은혜를 나누었다. 이 무렵 바울은 아시아에서 온 유대인들에게 붙잡혀 심문을 받고, 천부장은 그를 죽이려는 유대인들의 모의를 듣고 밤중에 그를 은밀히 가이샤라로 보내게 된다. 하지만 많은 유대 제사장들과 높은 사람들이 그곳에까지 내려와 바울을 고소하였다. 그 뒤, 바울은 새로 부임한 베스도 총독과 아그립바 왕 앞에서 그의 무죄를 항변하고, 그의 소원대로 가이사에게 상소하여 마침내 죄수의 몸으로 로마로 향하게 된다.

바울은 이처럼 두로에서 성령의 감동을 받은 제자들에 의해, 그리고 가이샤라에서 아가보 선지자의 예언을 들은 제자들에 의해, 두 번이나 예루살렘으로 올라가지 말 것을 권유받았다. 하지만 바울은 예루살렘으로 올라갈 그의 뜻을 굽히지 않았다. 그 결과, 그는 예언대로 예루살렘에서 유대인에게 붙잡혀 공회에서 자신을 변호하게 된다. 그날 밤, 예수님이 그의 곁에 서서 이렇게 말씀하셨다. **"담대하라 네가 예루살렘에서 나의 일을 증언한 것 같이 로마에서도 증언하여야 하리라."**(행23:11)

예수님의 이 말씀을 볼 때, 우리는 바울의 예루살렘 행이 그의 인간적 고집이나 무모함이 아닌, 전적으로 성령의 감동하심에 따른 것임을 알 수 있다. 하나님의 뜻은 그가 예루살렘에 올라가 유대인들에게 붙잡히게 되고, 가이샤라로 호송되어 그곳에서 아그립바와 베스도 총독 앞에 복음을 변증한 뒤 가이사에게 상소함으로써 죄수의 몸으로 로마로 가는 것이었다. 또한 하나님의 뜻은 그가 로마로 가는 길에 함께 승선한 사람들에게 복음을 전하고, 파선하여 겨우 상륙한 멜리데에서도 복음을 전한 뒤, 마침내 로마에 도착하여 그곳에서 복음을 전하는 것이었다. **"이 사람은 내 이름을 이방인과 임금들과 이스라엘 자손들에게 전하기 위하여 택한 나의 그릇이라 그가 내 이름을 위하여 얼마나 고난을 받아야 할 것을 내가 그에게 보이리라."**(행9:15~16) 예수님도 오직 성부 하나님이 주신 확신만을 따라 순종하셨다. **"이때로부터 예수 그리스도께서 자기가 예루살렘에 올라가 장로들과 대제사장들과 서기관들에게 많은 고난을 받고 죽임을 당하고 제삼일에 살아나야 할 것을 제자들에게 비로소 나타내시니."**(마16:21)

다른 사람의 말이 아무리 하나님의 뜻이라 할지라도, 또한 그 말이 아무리 나의 유익을 위한 말일지라도, 먼저 하나님이 나에게 주신 확신을 따르자. 보이는 환경이나 다른 사람의 말과의 의논이 아닌, 우리의 마음을 통해 의논하시는 성령 하나님의 확신만을 따르자. 내 마음에 굳게 자리 잡은 성령 하나님의 확신은 나를 통해 이루실, 나를 향하신 영광스러운 하나님 자신의 뜻이기 때문이다. 비록 그 길이 예기치 못한 고난의 연속이라 할지라도, 그러한 고난을 통해 하나님의 뜻이 이루어짐을 믿자. **"나는 이제 너희를 위하여 받는 괴로움을 기뻐하고 그리스도의 남은 고난을 그의 몸된 교회를 위하여 내 육체에 채우노라."**(골1:24) **"오직 성령이 각 성에서 내게 증언하여 결박과 환난이 나를 기다린다 하시나 내가 달려갈 길과 주 예수께 받은 사명 곧 하나님의 은혜의 복음을 증언하는 일을 마치려 함에는 나의 생명조차 조금도 귀한 것으로 여기지 아니하노라."**(행20:23~24)

23

주님, 무엇을 하리이까?

"내가 이르되 주님, 무엇을 하리이까 주께서 이르시되 일어나 다메섹으로 들어가라 네가 해야 할 모든 것을 거기서 누가 이르리라 하시거늘."(행22:10)

바울은 길리기아의 다소에서 태어난 가말리엘의 문하생으로서, 율법의 의로는 스스로 흠 없는 자로 확신할 만큼 열혈 바리새인이었다. 그는 예수님의 도를 싫어하여 스데반을 죽이는 데 찬성하였고, 예수님을 믿는 많은 성도들을 잡아 옥에 가두며 핍박하였다. 어느 날 바울은 다메섹에 있는 성도들을 결박하여 예루살렘으로 데려와 형벌 받게 하려고 대제사장의 공문을 들고 길을 나섰다. 가는 중 다메섹에 가까이 이르렀을 때였다. 오정쯤 되어 홀연히 하늘로부터 큰 빛이 그를 둘러 비치며 부활하신 예수님이 그를 찾아와 말씀하셨다. **"사울아, 사울아, 네가 왜 나를 핍박하느냐."**(행22:7) 바울은 이에 **"주님, 무엇을 하리이까"**라고 대답하였다. 예수님은 그에게 **"일어나 다메섹으로 들어가라 네가 해야 할 모든 것을 거기서 누가 이르리라"**(행22:10)고 말씀하셨다.

바울은 부활하신 예수님의 영광을 보고는 그의 눈이 멀어 버렸다. 그리고 그는 동행하던 사람들의 손에 끌려 직가에 있는 유다의 집에 사흘 동안 머물며, 보지도 못하고 먹지도 마시지도 아니하며 기도에 전념하였다. 예수님은 다메섹에 사는 아나니아라는 제자를 바울에게 보내어 그를 다시 보게 하시고, 세례를 받은 후 음식을 먹고 강건함을 얻게 하셨다. 그 후 바울은 숱한 환난과 핍박 가운데서도 예수님이 부르신 사명을 좇아 자기의 생명조차 조금도 귀한 것으로 여기지 아니하며 복음을 위해 헌신하였다.(행20:24) **"형제들아 나는 아직 내가 잡은 줄로 여기지 아니하고 오직 한 일 즉 뒤에 있는 것은 잊어버리고 앞에 있는 것을 잡으려고 푯대를 향하여 그리스도 예수 안에서 하나님이 위에서 부르신 부름의 상을 위하여 달려가노라."**(빌3:13~14)

바울은 예수님의 부르심을 받았을 때, 그는 먼저 "주님, 무엇을 하리이까?"라며 예수님의 뜻을 물었다. 예수님은 이때 아나니아를 통해 그에게 말씀하셨다. **"이 사람은 내 이름을 위하여 이방인과 임금들과 이스라엘 자손들에게 전하기 위하여 택한 나의 그릇이라 그가 내 이름을 위하여 얼마나 많은 고난을 받아야 할 것을 내가 그에게 보이리라."**(행9:15~16) 이처럼, 예수님의 영광을 보고 그의 속죄의 은혜를 받은 자는 숱한 환난을 각오하며 예수님의 부르심에 주저 없이 순종하게 된다. **"내가 또 주의 목소리를 들으니 주께서 이르시되 내가 누구를 보내며 누가 우리를 위하여 갈꼬 하시니 그때에 내가 이르되 내가 여기 있나이다 나를 보내소서."**(사6:8). **"그들이 곧 아버지와 배를 버려 두고 예수를 따르니라."**(마4:22)

예수님의 구원의 은혜를 받은 우리 또한 사도행전 29장의 역사를 이루어 가시는 성령님의 손에 붙들린 오늘의 바울들이다. 그러므로 우리는 매일, 매 순간마다 "주님, 무엇을 하리이까"라고 물으며 하나님의 구원 역사를 이루어 가는 삶을 살아야 한다. 비록 그 길에 숱한 환난과 핍박이 있다 할지라도, 예수님이 우리를 위해 당하신 고난을 생각하며 위에서 부르신 부름의 상을 위해 달려가야 한다. 그 헌신의 삶만이 측량할 수 없는 예수님의 대속의 은혜에 조금이나마 보답해 드리는 길이요, 영원한 영광의 중한 것을 이루는 길이 되기 때문이다. 또한 예수님이 우리에게 베푸신 피의 공로의 분량만큼 우리의 육신에 그리스도의 남은 고난을 채우는 영광스러운 삶이 되기 때문이다. **"우리가 잠시 받는 환난의 경한 것이 지극히 크고 영원한 영광의 중한 것을 우리에게 이루게 함이니 우리가 주목하는 것은 보이는 것이 아니요 보이지 않는 것이니 보이는 것은 잠깐이요 보이지 않는 것은 영원함이라."**(고후4:17~18) **"내가 이제 너희를 위하여 받는 괴로움을 기뻐하고 그리스도의 남은 고난을 그의 몸된 교회를 위하여 내 육체에 채우노라."**(골1:24)

제3부

하나님이 인도하신다!

01

갈 길을 인도하시는 하나님

"그 땅에 흉년이 들매 이삭이 그랄로 가서 블레셋 왕 아비멜렉에게 이르렀더니 여호와께서 이삭에게 나타나 이르시되 애굽으로 내려가지 말고 내가 네게 지시하는 땅에 거주하라."(창26:1~2)

하나님은 광야에서 이스라엘 백성들을 낮에는 구름 기둥으로, 밤에는 불기둥으로 인도하셨다. 이스라엘 백성들은 사십 년 내내 하나님의 구름 기둥과 불기둥의 인도를 바라보며 쉼과 행진을 계속하였다. 삼일 길을 그들 앞서 가시며 그들의 쉴 곳을 미리 찾으시고, 그들의 안식처를 예비해 주시는 하나님과 구름 기둥과 불기둥으로 대화하며 하나님과 동행하였다. 하나님은 오늘을 사는 우리들도 동일한 은혜로 인도하신다. 우리 안에 계신 성령님의 감동하심과 말씀의 빛으로, 광야와 같은 이 세상에서 우리와 동행하시며 우리 앞서 우리를 인도하고 계신다. **"너희가 애굽에서 나올 때에 내가 너희와 언약한 말과 나의 영이 계속하여 너희 가운데에 머물러 있나니 너희는 두려워하지 말지어다."**(학2:5)

이삭의 때에는 아브라함 때에 이어 다시 가나안 땅에 기근이 찾아왔다. 이삭이 그랄로 가서 아비멜렉 왕에게 이르렀을 때였다. 하나님이 이삭에게 나타나 이르시기를 **"애굽에 내려가지 말고 내가 네게 지시하는 땅에 거주하라 이 땅에 거주하면 내가 너와 함께 있어 네게 복을 주고 내가 이 모든 땅을 너와 네 자손에게 주리라"**(창26:2~3) 하시며, 그의 아버지 아브라함에게 하신 언약을 다시 그에게 약속하셨다. 하나님은 이삭이 그랄 지방으로 왔을 때, 그가 아브라함처럼 기근을 피해 애굽으로 내려가려는 것을 미리 아시고, 그에게 나타나 애굽으로 내려가지 말고 이 땅에 머물 것을 말씀하신 것이다. **"스올과 아바돈도 여호와 앞에 드러나거든 하물며 사람의 마음이리요."**(잠15:11)

하나님은 이처럼 우리의 마음을 아시는 분이시다. 우리가 하나님이 원치 않는 곁길로 가려할 때, 하나님은 그때마다 우리를 복된 길로 인도하시기 위해 친히 말씀으로 우리를 찾아오신다. **"내가 네 갈 길을 가르쳐 보이고 너를 주목하여 훈계하리로다."**(시 32:8) 이러한 좋으신 하나님을 늘 사모하며, 그의 영혼의 안테나를 하나님을 향해 켜 놓고 살아가는 사람은 복된 사람이다. 하나님은 오늘날에도 그의 말씀과 성령으로 우리의 마음을 감동하셔서 우리의 갈 길을 인도하신다. **"사람이 마음으로 자기의 길을 계획할지라도 그 걸음을 인도하시는 이는 여호와시니라."**(잠16:9)

하나님은 환경을 통해서도 우리에게 말씀하신다. 그의 영혼이 깨어 있는 사람은 이러한 하나님의 인도하심을 받을 수 있다. 야곱은 형, 에서의 장자권을 가로챈 일로 에서를 피해 외삼촌이 살고 있는 밧단아람으로 도망하였다. 그는 그곳에서 이십 년간 외삼촌 라반의 양들을 치며 많은 고난을 겪게 된다. 라반은 야곱으로 인해 많은 가축 떼를 거느린 부자가 되었지만, 그는 조카 야곱을 계속해서 혹사하였다. 하지만 하나님이 개입하셔서 야곱은 아주 강건하고 많은 가축 떼를 이루게 되고, 라반의 가축 떼는 병약하고 미약하게 되고 만다. 이럴 즈음, 우연히 야곱이 라반의 안색을 보자 그의 안색이 이전과는 다름을 보게 된다. 이 일 후에 하나님의 사자가 야곱에게 나타나 말씀하셨다. **"라반이 네게 행한 모든 것을 내가 보았노라 나는 벧엘의 하나님이라 네가 거기서 기둥에 기름을 붓고 거기서 내게 서원하였으니 지금 일어나 이곳을 떠나서 네 출생지로 돌아가라 하셨느니라."**(창31:12~13) 하나님은 이처럼 환경을 통해 우리에게 말씀하시고 우리의 갈 길을 인도하신다. 고난을 통해 깨어진 영혼은 다른 사람의 안색을 보고서도 말씀하시는 하나님의 인도하심을 받을 수 있다.

또한 하나님은 때대로 우리 스스로 감당할 수 없고 알 수도 없는 큰 도전이 있을 때, 미리 우리를 찾아와 우리로 하여금 전적으로 그를 의지하도록 하신다. 그의 능력으로 우리를 보호하시고 환난에서 우리를 건져 주신다. 야곱이 형 에서를 피해 밧단아람으로 도망갈 때였다. 해 질 무렵, 야곱은 벧엘에서 돌을 베개하고 잠이 들었다. 하나님은 천사들이 오르락내리락 하는 사닥다리 꼭대기 위에서 야곱에게 나타나 그를 지켜 주실 것을 약속하셨다.(창28:12~15) 이십 년 뒤 야곱이 밧단아람에서 돌아올 때에도 그러하였다. 하나님은 마하나임에서 그의 사자들을 보내어 야곱과 만나게 하셨다. 야곱으로 하여금 하나님이 에서 형의 보복의 손길에서 그를 지키고 계심을 믿게 하기 위함이었다.(창32:1~2) 여리고 성 전투를 앞두고 여호와의 군대장관이 여호수아를 찾아오신

경우도 그러하였다.(수5:13~14)

위기의 때일수록, 내 욕심이나 염려를 내려놓고 우리와 동행하시는 하나님을 신뢰하자. 거센 바람을 보지 말고, 풍랑 위를 걸으며 우리에게 손 내미시는 베드로의 예수님만을 온전히 바라보자.(마14:29~31) 그리할 때, 애굽으로 가려는 이삭의 마음을 미리 아시고 그의 길을 막으시는 하나님의 선한 인도하심을 받을 수 있을 것이다. 또한 우리의 발걸음이 블레셋으로 망명한 다윗이나 밧단아람으로 도망한 야곱처럼, 하나님을 앞서지 않고 그의 발걸음을 뒤따르는 복된 삶이 될 수 있을 것이다. **"그러나 진리의 성령이 오시면 그가 너희를 모든 진리 가운데로 인도하시리니 그가 스스로 말하지 않고 오직 들은 것을 말하며 장래 일을 너희에게 알리시리라."**(요16:13) 그리고 때가 되면 우리에게 도움의 사람을 보내 주시거나, 환경을 통해 회복의 은혜를 베푸시는 하나님의 은혜를 받게 될 것이다.(삼하15:32) **"전령이 사울에게 와서 이르되 급히 오소서 블레셋 사람들이 땅을 침노하나이다 이에 사울이 다윗 뒤쫓기를 그치고 돌아와 블레셋 사람들을 치러 갔으므로 그곳을 셀라하마느곳이라 칭하니라."**(삼상23:27~28)

마지막으로, 우리가 하나님의 복된 인도하심을 받기 위해서는 반드시 하나님을 뒤따라야 한다. 어느 날, 예수님은 자신이 예루살렘에 올라가 장로들과 제사장들과 서기관들에 의해 죽임을 당하시고 제삼일에 살아나야 할 것을 비로소 제자들에게 말씀하셨다. 베드로는 이 말을 듣고 **"주여 그리 마옵소서 이 일이 결코 주께 미치지 못하리이다"**(마16:22) 라며 예수님에게 항변하였다. 예수님은 이때 베드로를 크게 꾸짖으셨다. **"사탄아 내 뒤로 물러가라 너는 나를 넘어지게 하는 자로다."**(마16:23) 여기서 '내 뒤로'라고 번역된 말은 'ὀπίσω μου'라는 단어이다. 딤전5:15에 '사탄에게 돌아간'이란 말이 나오는데, 이 또한 '사단의 뒤로 돌아간'(ὀπίσω τοῦ σατανᾶ)이라는 의미이다.

예수님은 베드로를 책망하시면서 우리가 있어야 할 자리는 예수님 앞이 아니라 그의 뒤가 되어야 함을 가르치고 계신다. 만일 그리하지 않으면, 우리 앞에는 사단이 자리 잡고 있기 때문이다. 하나님보다 앞서는 것이 우리의 모든 불행한 삶의 보증 수표임을 명심하자. 하나님을 뒤따르지 않는 삶은 사단의 뒤를 따르는 불행한 삶이 될 수밖에 없기 때문이다. **"너희는 레위 사람 제사장들이 너희 하나님 여호와의 언약궤 메는 것을 보거든 너희가 있는 곳을 떠나 그 뒤를 따르라 그러나 너희와 그 사이 거리가 이천 규빗쯤 되게 하고 그것에 가까이 하지는 말라 그리하면 너희가 행할 길을 알리니 너희가 이전에 이 길을 지나보지 못하였음이니라."**(수3:3~4)

02

하나님의 시간

"아버지께서 나를 만지실진대 내가 아버지의 눈에 속이는 자로 보일지라 복은 고사하고 저주를 받을까 하나이다 어머니가 그에게 이르되 내 아들아 너의 저주는 내게로 돌리리니 내 말만 따르고 가서 가져오라."
(창27:12~4)

하나님이 우리에게 주신 시간은 두 가지가 있다. 하나는 카이로스(Καιρός)요, 또 하나는 크로노스(Χρόνος)이다. 크로노스는 가만히 있어도 그냥 흘러가는 자연적인 시간인 반면, 카이로스는 상대적인 시간 개념이다. 우리는 동일한 크로노스의 시간을 살아가지만 각자 서로 다른 주관적인 경험을 하는 카이로스의 시간을 살아간다. 그리스도인들은 매순간 하나님의 섭리 가운데 하나님의 뜻을 이루는 카이로스의 시간을 살아가고 있음을 믿어야 한다.

이삭이 나이가 많아 그의 눈이 어두워 잘 보지 못할 때였다. 이삭은 그의 아들 에서에게 **"내가 즐기는 별미를 만들어 내게로 가져와서 먹게 하여 내가 죽기 전에 네게 축복하게 하라"**(창27:4)고 말하였다. 아마 이삭의 이러한 말은, 그가 '큰 자가 어린 자를 섬기리라'는 하나님의 약속의 말씀에 대한 확신이 리브가에 비해 상대적으로 약한 틈을 타고, 사탄이 하나님의 구원 계획을 무너뜨리고자 그를 유혹했기 때문일 것이다.(창16:2)

리브가는 이 말을 듣고 급히 야곱을 불러 좋은 염소 새끼 두 마리를 자기에게 가져오라고 재촉하였다. 에서가 들에서 돌아오기 전에, 이삭이 즐기는 별미를 만들어 야곱으로 하여금 장자의 축복을 받도록 하기 위해서였다. 그녀는 야곱에게 형, 에서의 좋은 의복을 가져다가 입히고, 그의 매끄러운 손과 목 부위에는 염소 새끼의 가죽을 입혔다. 그리고는 준비한 음식과 함께 야곱을 아버지 이삭에게로 데려갔다. 이삭은 야곱이 가져온 고기와 포도주를 먹고 마신 뒤 야곱의 옷의 향취를 맡고는 그를 축복하였다. **"내 아들의 향취는 여호와께서 복 주신 밭의 향취로다 …… 만민이 너를 섬기고 열국이 네게 굴복하리니 네가 형제들의 주가 되고 네 어머니의 아들들이 네게 굴복하며 너를 저주하는 자는 저주를 받고 너를 축복하는 자는 복을 받기를 원하노라."**(창27:27~29) 이에 야곱은 형, 에서의 장자권을 가로채고 만다. 이 일로, 에서는 야곱을 미워하여 아버지 이삭이 죽은 뒤에 그를 죽이려고 계획한다. 리브가는 야곱을 조용히 불러 그를 그의 외삼촌이 살고 있는 밧단아람으로 보내며 말했다. **"네 형의 노가 풀리기까지 몇 날 동안 그와 함께 거주하라 네 형의 분노가 풀려 네가 자기에게 행한 것을 잊어버리거든 내가 곧 사람을 보내어 너를 거기서 불러오리라."**(창27:44~45)

이 사건에는 야곱으로 하여금 이스마엘 종족과 같은 열두 지파의 머리가 되게 하시고, 그를 믿음의 조상으로 연단하시려는 하나님의 섭리가 작용하고 있다.(창25:16) 하지만 야곱은 이 일로 인해 형과 원수가 되었을 뿐 아니라 어머니 리브가와도 생이별을 하게 된다. 그리고 이십 년간 외삼촌 라반의 집에서 많은 고난을 겪을 수밖에 없었다. 리브가가 인간적으로 볼 때 하나님의 약속이 도저히 성취되지 않을 것 같은 상황에서라도, 하나님의 신실하심과 그의 능력을 온전히 믿었다면 어떤 행동을 취하였을까? 그리했더라면, 아마 그녀는 임신 중 태에서 서로 싸우는 소리를 듣고는 하나님께 기도한 것처럼, 급히 하나님께 나아가 기도하며 하나님의 뜻을 구하였을 것이다. 야곱은 죽음 직전에서야 이러한 하나님의 능력과 신실하심을 몸소 체험하게 되었다. 야곱은 그의 눈이 멀었음에도 불구하고, 하나님의 강권하심을 따라 그의 손을 엇바꾸어 에브라임을 므낫세보다 앞세워 축복하였기 때문이다. **"나도 안다 내 아들아 나도 안다 그도 한 족속이 되며 그도 크게 되려니와 그의 아우가 그보다 큰 자가 되고 그의 자손이 여러 민족을 이루리라."**(창48:19)

인간적으로 볼 때 도무지 불가능해 보이는 위기의 때일수록, 우리는 카이로스의 하나님을 신뢰해야 한다. 야곱이 세겜에 거주하다 큰 위기를 맞은 뒤 하나님의 말씀에 순종하여 벧엘로 올라갈 때였다. 하나님은 사면 고을들에 큰 두려움이 임하게 하셔서 벧엘로 올라가는 야곱과 그의 가족을 지켜 주셨다. **"그들이 떠났으나 하나님이 그 사면 고을들로 크게 두려워하게 하셨으므로 야곱의 아들들을 추격하는 자가 없었더라."**(창35:5) 하나님은 진퇴양난의 상황에서도 우리가 하나님을 신뢰하며 순종의 걸음을 옮기기만 하면, 우리를 사면으로부터 지키시고 평강의 길로 우리를 인도해 주신다. 그리고 잠시 후면, 우리는 하나님이 우리 앞에 차려

놓으신 승리와 희락의 잔치상에 참예할 수 있게 될 것이다. **"주께서 내 원수의 목전에서 내게 상을 차려 주시고 기름을 내 머리에 부으셨으니 내 잔이 넘치나이다."**(시23:5)

03

하나님의 사람의 권면

"모세의 장인이 그에게 이르되 네가 하는 것이 옳지 못하도다 너와 또 너와 함께 한 이 백성이 필경 기력이 쇠하리니 이 일이 네게 너무 중함이라 네가 혼자 할 수 없으리라 이제 내 말을 들으라 내가 네게 방침을 가르치리니 하나님이 너와 함께 계실지로다."(출18:17~19)

이스라엘 백성들이 시내 산에 이르렀을 무렵이었다. 모세의 장인 이드로가 모세가 전에 돌려보냈던 아내 십보라와 두 아들 게르솜과 엘리에셀을 데리고 이스라엘 백성들이 진을 치고 머문 산으로 찾아왔다. 이 무렵 모세는 백성을 재판하느라 앉아 있고 백성들은 아침부터 저녁까지 모세 곁에 서 있었다. 이드로가 이것을 보고 모세에게 권면하였다. **"하나님을 두려워하며 진실하며 불의한 이익을 미워하는 자를 살펴서 백성 위에 세워 천부장과 백부장과 오십부장과 십부장을 삼아 그들이 때를 따라 백성을 재판하게 하라 큰 일은 모두 네게 가져갈 것이요 작은 일은 모두 그들이 스스로 재판할 것이니 그리하면 그들이 너와 함께 담당할 것인즉 일이 네게 쉬우리라."**(출18:21~22) 하나님은 많은 재판으로 힘든 모세의 상황을 보시고 그의 장인 이드로를 그에게 보내 주셨다. 모세에게 하나님의 지혜를 알려 주셔서 그를 평강의 길로 인도하셨다. **"미련한 자는 자기 행위를 바른 줄로 여기나 지혜로운 자는 권고를 듣느니라."**(잠12:15)

다윗의 경우도 그러하였다. 다윗이 사울 왕을 피해 도망 다니다 십 광야 수풀에 머물 때였다. 이때 사울의 아들 요나단이 일어나 수풀에 들어가서 다윗에게 말하기를 **"두려워하지 말라 내 아버지 사울의 손이 네게 미치지 못할 것이요 너는 이스라엘 왕이 되고 나는 네 다음이 될 것을 내 아버지 사울도 안다."**(삼상23:17)고 말하며, 그로 하여금 하나님을 힘 있게 의지하게 하였다. 또한 하나님은 다윗이 압살롬의 반란을 피해 도피할 때 그의 친구 후새를 그에게 보내 주셨다. 다윗을 배반한 그의 모사 아히도벨의 계략을 패하게 하여 징계 가운데서도 그에게 은혜를 베푸시기 위해서였다.(삼하15:32) 하나님은 고난 중에 있는 다윗에게 때마다 하나님의 사람들을 보내셔서 그를 위로하시고 힘을 북돋우어 주셨다.

다윗이 사울의 핍박을 피해 블레셋에 망명한 뒤 블레셋과 이스라엘 간에 전쟁이 일어났을 때였다. 다윗은 블레셋 장군들의 반대로 전장에 가는 도중에 그가 거하던 시글락으로 돌아오게 된다. 다윗이 돌아와 보니 시글락 성읍은 불탔고, 그와 함께 한 자들의 아내와 자녀들도 모두 아말렉의 포로가 되고 말았다. 다윗은 이처럼 군급한 상황에서도 하나님을 의지하여 힘을 얻었다. 다윗은 그의 사람들과 함께 아말렉을 뒤좇아가는데, 가는 길에 우연히 한 애굽 사람을 만나게 된다. 그 사람이 다윗에게 말하기를 **"나는 애굽 소년이요 아말렉 사람의 종이더니 사흘 전에 병이 들매 주인이 나를 버렸나이다 …… 당신이 나를 죽이지도 아니하고 내 주인의 수중에 넘기지도 아니하겠다고 하나님의 이름으로 내게 맹세하소서 그**

리하면 내가 당신을 그 군대로 인도하리이다."(삼상30:13~15)라고 하였다. 다윗은 그를 살려줄 것과 그의 주인의 손에 넘기지 않을 것을 그에게 약속하고는, 그의 인도를 받아 아말렉 사람들을 뒤좇아갔다. 그리고 노획한 일로 인해 먹고 마시고, 춤추며 뛰노는 아말렉 사람들을 기습하여 모든 빼앗긴 물건들과 포로 된 그의 사람들을 되찾게 된다. 이 사건에서도 애굽 사람은 하나님이 다윗에게 보내신 하나님의 선물이었다. 하나님은 비록 블레셋과 합세하여 동족 이스라엘과 싸우려는 다윗을 징계하긴 하셨지만, 그에게 애굽 사람을 보내 풍전등하의 위기에 처한 그를 구원해 주셨다.

사도행전의 빌립을 보자. 이디오피아 여왕 간다게의 모든 국고를 맡은 내시가 예루살렘에 예배하러 왔다가 수레를 타고 그의 고국으로 돌아가는 길이었다. 하나님은 빌립의 마음을 감동하셔서 그에게 내시의 수레로 가까이 나아가라고 말씀하셨다. 빌립이 가서 보니, 내시는 이사야 선지자의 글을 읽고 있었다. 빌립은 내시가 자신이 읽는 글을 깨닫지 못하고 있는 것을 알고는, 내시의 수레에 올라 함께 앉아 그에게 이사야 선지자의 글을 통해 예수님의 복음을 전하였다.(행8:27~35)

하나님은 오늘날에도 택한 백성의 구원을 위해 사람을 도구로 사용하신다. 또한 하나님은 우리의 복된 삶을 위해 때마다 우리에게 도움의 사람을 보내 주신다. 우리가 이유를 알 수 없는 고난 중에 지쳐 허덕일 때, 그를 통해 하나님의 뜻을 깨달아 알고, 우리로 하여금 평강의 길로 나아가도록 우리를 권면하신다. 겸손한 마음으로 하나님과 사람 앞에 깨어 있는 사람은, 이처럼 사람을 통해 의논하시는 하나님의 선한 인도하심을 받을 수 있다. **"그가 그의 말씀을 보내어 그들을 고치시고 위험한 지경에서 건지시는도다."**(시107:20)

04

우리 짐을 지시는 하나님

"책임이 심히 중하여 나 혼자는 이 모든 백성을 감당할 수 없나이다 주께서 내게 이같이 행하실진대 구하옵나니 내게 은혜를 베푸사 즉시 나를 죽여 내가 고난 당함을 내가 보지 않게 하옵소서."(민11:14~15)

이스라엘 백성들이 다베라를 지나 얼마 지나지 않은 때였다. 그들 중에 섞여 사는 다른 인종들이 탐욕을 품자, 이스라엘 자손도 다시 울면서 하나님과 모세를 원망하였다. **"누가 우리에게 고기를 주어 먹게 하랴 우리가 애굽에 있을 때에는 값없이 생선과 오이와 참외와 부추와 파와 마늘들을 먹은 것이 생각나거늘 이제는 우리의 기력이 다하여 이 만나 외에는 보이는 것이 아무 것도 없도다."**(민11:4~6) 모세는 아주 고통스러워 혼자서는 이 짐을 지기 어려우니, 차라리 자기를 죽여 고난당함을 보지 않게 해 주시기를 하나님께 간절히 기도하였다. 하나님은 모세의 기도를 들으시고 백성의 장로와 지도자가 될 만한 자 칠십 명을 따로 세우셨다. 그들에게도 하나님의 영을 임하게 하셔서 그들로 하여금 모세의 짐을 나누어지도록 하셨다. 이는 물론, 모든 사람이 하나님의 영을 받아 그의 선지자가 되기를 원하시는 하나님의 소원을 계시하는 말씀이다.(민11:29) 그리고 하나님의 이 소원은 예수 그리스도의 대속의 죽으심과 부활 이후의 오순절 성령 강림으로 성취되었다.(행3:22~26)

하지만, 우리는 이 말씀을 통해 배울 수 있는 교훈이 있다. 하나님은 우리들이 광야와 같은 이 세상에서 혼자 감당하기 어려운 인생의 짐에 짓눌릴 때, 모세와 같이 그의 품에 달려가 하소연하며 우리의 무거운 짐을 그에게 맡기기를 기다리신다는 사실이다. **"날마다 우리 짐을 지시는 주 곧 우리의 구원이신 하나님을 찬송할지로다."**(시68:19) 그리할 때, 하나님은 우리의 기도를 들으시고 우리의 짐을 대신 져 주시는 좋으신 아버지 하나님이시라는 사실이다. **"광야에서도 너희가 당하였거니와 사람이 자기의 아들을 안는 것 같이 너희의 하나님 여호와께서 너희가 걸어온 길에서 너희를 안으사 이곳까지 이르게 하셨느니라."**(신1:31) **"야곱의 집이여 이스라엘 집에 남은 모든 자여 내게 들을지어다 배에서 태어남으로부터 내게 안겼고 태에서 남으로부터 내게 업힌 너희여 너희가 노년에 이르기까지 내가 그리하겠고 백발이 되기까지 내가 너희를 품을 것이라 내가 지었은즉 내가 업을 것이요 내가 품고 구하여 내리라."**(사46:3~4)

세상에서 가장 무거운 짐은 죄의 짐이다. 육체가 지기에 감당할 수 없는 무거운 짐은 서로 힘을 합하거나 기계의 힘을 빌어 지고 갈 수 있다. 하지만 자신의 죄의 짐은 어느 누구도 대신 져 줄 수 없는 영원한 무게의 짐이다. 다윗은 죄의 무게를 이렇게 고백하고 있다. **"수많은 재앙이 나를 둘러싸고 나의 죄악이 나를 덮치므로 우러러볼 수도 없으며 죄가 나의 머리털보다 많으므로 내가 낙심하였나이다."**(시40:12) 오직 예수님만이 우리의 죄의 짐을 대신 지고 가실 수 있다. 예수님은 우리의 아사셀이 되셔서 우리의 죄악의 짐을 홀로 지시고 십자가의 죽음을 통해 그 짐을 완전히 청산하셨기 때문이다.(레16:10) **"수고하고 무거운 짐 진 자들아 다 내게로 오라 내가 너희를 쉬게 하리라 나는 마음이 온유하고 겸손하니 나의 멍에를 매고 내게 배우라 그리하면 너희 마음이 쉼을 얻으리니 이는 내 멍에는 쉽고 내 짐은 가벼움이라."**(마11:28~29) **"우리를 거스르고 불리하게 하는 법조문으로 쓴 증서를 지우시고 제하여 버리사 십자가에 못 박으시고 통치자들과 권세들을 무력화하여 드러내어 구경거리로 삼으시고 십자가로 그들을 이기셨느니라."**(골2:14~15)

우리의 영원한 죄의 짐을 지고 가신 예수님을 믿고 그를 뒤따르자. **"그런즉 우리도 그의 치욕을 짊어지고 영문 밖으로 그에게 나아가자."**(히13:12~13) 광야의 여정에서 만나는 인생의 무거운 짐을 그때마다 하나님께 맡기며, 그의 품에 안겨 메마른 광야를 지나가자. 이 세상에서도 하나님의 장막 안에서 쉼을 얻고, 잠시 뒤 영원한 오아시스, 하늘의 엘림에서 영생의 복을 주신 하나님을 영원히 찬양하자. **"여호와께서 환난 날에 나를 그의 초막 속에 비밀히 지키시고 그의 장막 은밀한 곳에 나를 숨기시며 높은 바위 위에 두시리로다."**(시27:5) **"그들이 하나님의 보좌 앞에 있고 또 그의 성전에서 밤낮 하나님을 섬기매 보좌에 앉으신 이가 그들 위에 장막을 치시리니 그들이 다시는 주리지도 아니하며 목마르지도 아니하고 해나 아무 뜨거운 기운에 상하지도 아니하리니."**(계7:15~16)

05

욕심의 해악

"여호와의 사자가 그에게 이르되 너는 어찌하여 네 나귀를 이같이 세 번 때렸느냐 보라 내 앞에서 네 길이 사악하므로 내가 너를 막으려고 나왔더니 나귀가 나를 보고 이같이 세 번을 돌이켜 내 앞에서 피하였느니라 나귀가 만일 돌이켜 나를 피하지 아니하였더면 내가 벌써 너를 죽이고 나귀는 살렸으리라."(민22:31~33)

이스라엘 백성들이 모압 평지에 진을 쳤을 때였다. 모압 왕 십볼의 아들 발락은 이를 크게 두려워하였다. 발락은 거짓 선지자 발람에게 많은 복채와 함께 그의 사신들을 보내어 그를 초청하였다. 이스라엘 백성들을 저주하기 위해서였다. 발락이 보낸 모압 사신들이 발람과 함께 유숙하던 날 밤이었다. 하나님은 발람에게 나타나 말씀하셨다. **"너는 그들과 함께 가지도 말고 그 백성을 저주하지도 말라 그들은 복을 받은 자들이니라."**(민22:12) 이에 발람은 모압 사신들을 돌려보내었다. 이에 모압 왕은 전보다 더 높은 고관들을 발람에게 보내어 이스라엘 백성들을 저주하도록 끈질기게 그를 유혹하였다. 발람은 모압 왕의 유혹을 단호히 거절하지 못한 채 **"그 사람들이 너를 부르러 왔거든 일어나 함께 가라 그러**

나 내가 네게 이르는 말만 준행할지니라."(민22:20)는 하나님의 말씀을 듣고, 다음날 자기 나귀에 안장을 지우고는 모압 귀족들과 함께 모압을 향해 떠나게 된다.

하나님은 모압으로 가는 발람에게 진노하셔서, 여호와의 사자가 칼을 빼어 들고 모압으로 향하는 그의 앞을 가로막으셨다. **"그러므로 내가 가시로 그 길을 막으며 담을 쌓아 그로 그 길을 찾지 못하게 하리니."**(호2:6) 이를 본 나귀가 두려워하여 밭으로 들어가자, 발람은 나귀를 돌이키려고 채찍으로 그의 나귀를 때렸다. 그 뒤 여호와의 사자가 좌우로 피할 데 없는 좁은 곳에 서자, 나귀가 이를 보고는 발람 밑에 엎드렸다. 발람은 다시 채찍으로 그의 나귀를 때렸다. 이때 하나님은 나귀의 입을 열어 발람을 꾸짖으시고 그의 눈을 밝히시며 말씀하셨다. **"나귀가 만일 돌이켜 나를 피하지 아니하였더면 내가 벌써 너를 죽이고 나귀는 살렸으리라."**(민22:33) **"이 예루살렘 백성이 항상 나를 떠나 물러감은 어찌함이냐 그들이 거짓을 고집하고 돌아오기를 거절하도다 …… 공중의 학은 그 정한 시기를 알고 산비둘기와 제비와 두루미는 그들이 올 때를 지키거늘 내 백성은 여호와의 규례를 알지 못하도다."**(렘8:5~7) 발람은 우여곡절 끝에 모압으로 가서 하나님의 강권하시는 능력으로 오히려 이스라엘 백성들을 축복하는 예언을 하게 된다. 그는 이러한 불순종에 더하여, 이스라엘 백성들이 싯딤에서 바알브올을 섬기는 모압 여자들과 음행하도록 유혹하였다. 발람은 결국 이스라엘 백성들과의 전쟁에서 죽임을 당하고 말았다.(민31:8)

발람처럼 우리의 내려놓지 못한 세상을 향한 욕심은 우리의 영혼의 눈을 어둡게 한다. 우리로 하여금 거듭되는 고난에도 끝없는 정욕의 노예가 되게 하여 막다른 인생의 좁은 골목을 향해 멸망의 걸음을 내달리게 하는 것이다. **"그들이 바른 길을 떠나 미혹되어 브올의 아들 발람의 길을 따르는도다 그는 불의의 삯을 사랑하다가 자기의 불법으로 말미암아 책망을 받되 말하지 못하는 나귀가 사람의 소리로 말하여 이 선지자의 미친 행동을 저지하였느니라 이 사람들은 물 없는 샘이요 광풍에 밀려 가는 안개니 그들을 위하여 캄캄한 어둠이 예비되어 있나니."**(벧후2:15~17) **"욕심이 잉태한즉 죄를 낳고 죄가 장성한즉 사망을 낳느니라."**(약1:15)

이스라엘 백성들 역시 그러하였다. 광야에서 목이 마르거나 먹을 양식이 부족할 때면, 그들은 어김없이 모세와 하나님을 대적하였다.(민11:1~6) 영생의 만나 되시는 예수님을 하찮게 여기며 애굽의 양식을 그리워하였다.(요6:51) 그들의 광야 길에 동행하시고 가나안의 소망으로 그들 앞서 인도해 가시는 하나님을 거듭 배역하였다. **"그러나 그들은 그가 행하신 일을 곧 잊어버리며 그의 가르침을 기다리지 아니하고 광야에서 욕심을 크게 내며 사막에서 하나님을 시험하였도다."**(시106:13~14)

어느 날 이스라엘 백성들이 모세에게 불평하며 고기를 구할 때였다. 하나님은 메추라기를 그들의 진영 사방으로 하룻길 되는 지면 위 두 규빗쯤에 내리게 하셨다. 하지만 그들은 그 고기가 아직 그들의 이 사이에서 씹히기도 전에 하나님이 치신 재앙으로 죽고 말았다. 그곳 이름은 '기브롯핫다아와' 곧 '탐욕의 무덤'이었다. 지면 위 두 규빗은 약 90cm 정도의 높이다. 이는 이스라엘 백성들이 아무런 수고 없이 제 자리에 가만히 서서 그들의 팔만 움직여도 메추라기를 집어먹을 수 있는 높이였다. 하지만 이러한 욕심에 포로 된 불순종의 삶에 어찌 모든 일을 하나님과 의논하는 복된 은혜가 주어질 수 있을까. 아간이 여리고 성의 시날 산 외투 한 벌과, 은 이백 세겔과, 오십 세겔 되는 금덩이 하나를 탐하다 그와 그의 온 가족이 돌무더기가 된 사건이 그러하였고(수7:26), 예루살렘 교회의 아나니아와 삽비라가 그의 소유를 팔아 얼마를 감추고 성령을 속이다 죽임 당한 사건이 그러하였다.(행5:1~10) 사도 바울의 강론을 듣고는 그에게서 돈을 받을까 소망한 베스도 총독과 그의 아내 드루실라가 또한 그러하였다.(행24:24~26)

욕심은 하나님과의 생명의 교제를 근원에서부터 차단하여 우리를 죄와 사망의 길로 이끌어간다. **"이 세상이나 세상에 있는 것들을 사랑하지 말라 누구든지 세상을 사랑하면 아버지의 사랑이 그 안에 있지 아니하니 이는 세상에 있는 모든 것이 육신의 정욕과 안목의 정욕과 이생의 자랑이니 다 아버지께로부터 온 것이 아니요 세상으로부터 온 것이라 이 세상도 그 정욕도 지나가되 오직 하나님의 뜻을 행하는 자는 영원히 거하느니라."**(요일2:15~17). 가룟 유다가 예수님을 은 삼십에 팔고 스스로 목 매어 죽은 것도 돈을 사랑하는 그의 욕심 때문이었다. **"이렇게 말함은 가난한 자들을 생각함이 아니요 그는 도둑이라 돈궤를 맡고 거기 있는 것을 훔쳐 감이러라."**(요12:6)

욕심과 염려는 동전의 양면과도 같다. 출애굽한 이스라엘 백성들이 신 광야에 이르렀을 때, 그들은 먹을 양식이 없자 애굽의 양식을 그리워하며 모세를 원망하였다. 하나님은 모세에게 이렇게 말씀하셨다. **"보라 내가 너희를 위하여 하늘에서 양식을 비 같이 내리리니 백성이 나가서 일용할 것을 날마다 거둘 것이라 이같이 하여 그들이 내 율법을 준행하나 아니하나 내가 시험하리라 여섯째 날에는 그들이 그 거둔 것을 준비할지니 날마다**

거두던 것의 갑절이 되리라."(출16:4~5) 하나님은 이 말씀대로 그들에게 저녁에는 메추라기를, 아침에는 이슬이 마른 후에 광야 지면에 작고 둥글며 서리 같이 가는 모양의 만나를 내려 주셨다. 그리고 모세는 그들에게 "만나는 아침까지 남겨두지 말라"고 하였다. 하지만 그들 중 더러는 그것을 아침까지 남겨두었더니 벌레가 생기고 냄새가 나서 먹을 수가 없게 되었다. 이는 날마다 먹을 양식을 풍족히 공급해 주시는 하나님을 믿지 못한 그들의 염려 때문이었다. 또한 모세가 그들에게 "일곱째 날은 안식일인즉 그 날에는 없으리라"고 하였으나, 그들 중 어떤 사람들이 안식일에 양식을 거두기 위해 들로 나갔다. 하지만 그들이 거둔 것이라고는 수고로움과 빈손의 허탈함뿐이었다. 이 역시, 하나님이 주신 매일의 양식에 만족하지 못한 그들의 욕심 때문이었다. **"우리가 세상에 아무것도 가지고 온 것이 없으매 또한 아무것도 가지고 가지 못하리니 우리가 먹을 것과 입을 것이 있은즉 족한 줄로 알 것이니라 …… 돈을 사랑함이 일만 악의 뿌리가 되나니 이것을 탐내는 자들은 미혹을 받아 믿음에서 떠나 많은 근심으로써 자기를 찔렀도다."**(딤전6:10)

하나님은 우리의 형편을 정확히 알고 계신다. 예수님이 오병이어로 오천 명을 먹이고 남은 조각 열두 광주리를 거두시고, 칠병이어로 사천 명을 먹이고 남은 조각 일곱 광주리를 거두신 이유는 무엇 때문일까? 예수님은 칠병이어의 현장에 있던 사람들이 상대적으로 먼 길에서 왔고, 주린 지 사흘이나 되는 그들의 심한 굶주림을 이미 알고 계셨기 때문이다.(막8:2~3) **"그러므로 염려하여 이르기를 무엇을 먹을까 무엇을 마실까 무엇을 입을까 염려하지 말라 이는 다 이방인들이 구하는 것이라 너희 하**

늘 아버지께서 이 모든 것이 너희에게 있어야 할 줄을 아시느니라 그런즉 너희는 먼저 그의 나라와 그의 의를 구하라 그리하면 이 모든 것을 너희에게 더하시리라."(마6:31~33) 하나님보다 더 사랑하는 이 세상의 모든 정욕을 내려놓자. 우리의 필요를 우리보다 더 잘 아시는 하나님께 모든 염려를 맡기며, 먼저 그의 나라와 그의 의를 구하자. 이를 위해 하나님 아버지와 날마다 의논하며 승리의 삶을 살아가자.

06

깨어진 마음

"그 여인이 모압 지방에서 여호와께서 자기 백성을 돌보시사 그들에게 양식을 주셨다 함을 듣고 이에 두 며느리와 함께 일어나 모압 지방에서 돌아오려 하여."(룻1:6)

사사들이 통치하던 때였다. 베들레헴에 거주하던 엘리멜렉은 기근을 피해 그의 가족을 데리고 모압 땅으로 이주하였다. 그곳에서 잠시 거류하다가 기근이 끝나면 베들레헴으로 돌아올 작정이었다. 하지만 엘리멜렉은 모압에 거류한 지 얼마 뒤 죽고 만다. 그의 두 아들도 모압 여인들과 결혼하였지만 그곳에 거한 지 십 년쯤에 모두 죽고 만다. 남편과 두 아들마저 잃은 나오미가 두 자부 룻과 오르바와 함께 모압에서 살고 있을 때였다. 어느 날, 그녀는 하나님이 자기 백성을 돌보셔서 그들에게 양식을 주셨다는 소식을 우연히 듣게 된다. 그리하여 나오미는 두 자부와 함께 베들레헴으로 돌아오려고 길을 나서게 된다. 돌아오는 길에 오르바는 자기 고향과 자기 신을 좇아 나오미를 떠났지만, 룻은 시어머니가 섬기는 하나님을 따라 나오미와 함께 베들레헴으로 돌아왔다. **"어머니께서 죽으시는 곳에서 나도 죽어 거기 묻힐 것이라 만일 내**

가 죽는 일 외에 어머니를 떠나면 여호와께서 내게 벌을 내리시고 더 내리시기를 원하나이다."(룻1:17)

룻은 아침 일찍 밭으로 나가 보리 이삭을 주어 시어머니를 봉양하였다. 그런데 룻이 우연히 이삭을 주우러 들어간 밭은 베들레헴 성의 유력자요, 시아버지 엘리멜렉의 친족인 보아스의 밭이었다. 보아스는 오직 믿음으로 하나님의 날개 아래로 피하여 돌아온 이방 여인 룻에게 많은 호의를 베풀었다. 이삭을 주울 때 그의 종들과 함께 음식을 먹고 물을 마시게 할 뿐만 아니라, 추수한 곡식 단에서 일부러 몇을 뽑아 그녀가 줍도록 하였다. **"여호와께서 네가 행한 일에 보답하시기를 원하며 이스라엘의 하나님 여호와께서 그의 날개 아래에 보호를 받으러 온 네게 온전한 상 주시기를 원하노라."**(룻2:12) 나오미는 저녁이 되어 집으로 돌아온 며느리에게 이 소식을 듣고는, 룻에게 보아스가 자기 집안의 기업을 무를 자임을 말하게 된다. 하나님이 보아스를 통해 일하시는 은혜의 손길을 깨달았기 때문이다. **"내 딸아 이 사건이 어떻게 될지 알기까지 앉아 있으라 그 사람이 오늘 이 일을 성취하기 전에는 쉬지 아니하리라."**(룻3:18) 마침내 룻은 시어머니의 말에 순종하여 하나님의 은혜로 보아스와 결혼하여 잃어버린 엘리멜렉 가정의 기업을 회복하게 된다.

하나님의 자녀는 '떡집', 곧 '하나님의 말씀의 집'을 떠나면 결국에는 고난을 당할 수밖에 없다. 만일 엘리멜렉이 베들레헴을 떠나기 전에 먼저 하나님과 의논하였다면, 그는 복된 삶을 살았을 것이다. 하지만, 하나님은 자신의 품을 떠난 자기 백성들을 고난을 통해서라도 반드시 '하나님의 떡집'으로 다시 돌이키신다. 고난은 세상을 향한 우리의 발걸음을 하나님께로 돌이키는 마지막 쥐엄 열매이기 때문이다. **"고난 당한 것이 내게 유익이라 이로 말미암아 내가 주의 율례들을 배우게 되었나이다."**(시119:71) **"내 아들아 주의 징계하심을 경히 여기지 말며 그에게 꾸지람을 받을 때에 낙심하지 말라 주께서 그 사랑하시는 자를 징계하시고 그가 받으시는 아들마다 채찍질하심이라 하였으니 …… 무릇 징계가 당시에는 즐거워 보이지 않고 슬퍼 보이나 후에 그로 말미암아 연단 받은 자들은 의와 평강의 열매를 맺느니라."**(히12:5~11)

우리는 나오미처럼 고난을 통하여 우리의 영혼이 깨어질수록, 산들거리는 바람 소리에도 떡집을 떠난 자녀를 돌이키시는 하나님의 음성을 들을 수 있다. 지금도 우리를 위해 일하시는 하나님의 뜻을 예민하게 분별하며, 겸비함과 감사함으로 하나님의 뜻에 순종할 수 있다. 하나님은 깨어진 자의 마음에 임하시고, 고난을 통해 닫힌 우리의 귀를 그의 말씀을 향해 활짝 열어 주시기 때문이다. **"주께서 너희에게 환난의 떡과 고생의 물을 주시나 네 스승은 다시 숨기지 아니하시리니 네 눈이 네 스승을 볼 것이며 너희가 오른쪽으로 치우치든지 왼쪽으로 치우치든지 네 뒤에서 말소리가 네 귀에 들려 이르기를 이것이 바른 길이니 너희는 이리로 가라 할 것이며."**(사30:20~21) **"하나님은 곤고한 자를 그 곤고에서 구원하시며 학대 당할 즈음에 그의 귀를 여시나니."**(욥36:15)

아합 왕의 경우를 보자. 그는 나봇의 포도원을 탐내어, 거짓 증인들을 세워 나봇과 그의 아들들을 죽이고 그의 포도원을 빼앗았다.(신19:14) 하나님은 엘리야 선지자를 보내 그에게 말씀하셨다. **"내가 재앙을 네게 내려 너를 쓸어버리되 네게 속한 남자는 이스라엘 가운데 매인 자나 놓인 자를**

다 멸할 것이요 아합에게 속한 자로서 성읍에서 죽은 자는 개들이 먹고 들에서 죽은 자는 공중의 새가 먹으리라."(왕상21:21, 24) 아합은 이 말을 듣고는 그의 옷을 찢으며 금식하고, 굵은 베에 누우며, 또 풀이 죽어 다녔다. 하나님은 이를 보시고 곧장 엘리야에게 말씀하셨다. **"아합이 내 앞에서 겸비함을 네가 보느냐 그가 내 앞에서 겸비하므로 내가 재앙을 저의 시대에는 내리지 아니하고 그 아들의 시대에야 그의 집에 재앙을 내리리라."**(왕상21:29) 아합이 비록 악한 왕이었지만 그가 재앙의 말씀을 듣고 겸비하자, 하나님은 즉시 아합에 대한 심판을 그의 아들의 시대로 옮기실 만큼 겸비한 마음을 기뻐하셨다.

하나님은 이처럼 우리의 상하고 깨어진 마음을 기뻐하신다. 측량할 수 없는 그의 구원의 사랑을 받았음에도 불구하고, 자신이 행한 모든 죄악 때문에 스스로 자신을 미워하는 마음을 원하신다.(겔20:43) 자신의 패역을 생각하며 스스로 자신의 볼기를 치는 마음을 기뻐하신다.(렘31:19) 하나님은 스스로 의롭다고 여기는 바리새인의 하나님이 아니라, 감히 눈을 들어 하늘을 쳐다보지도 못하고 가슴을 치며 오직 하나님의 긍휼만을 구하는 세리의 하나님이시기 때문이다.(눅18:11~13)

수로보니게 여인도 그러하였다. 그녀는 예수님께 찾아와 흉악한 귀신 들린 자신의 딸을 고쳐 주시기를 간구하였다. 예수님은 그녀에게 말씀하셨다. **"자녀의 떡을 취하여 개들에게 던짐이 마땅하지 아니하니라."**(마15:26) 하지만 그녀는 예수님께 **"주여 옳소이다마는 개들도 제 주인의 상에서 떨어지는 부스러기를 먹나이다"**(마15:27)라고 고백하였다. 예수님은 여인의 이 고백을 들으시고 즉시 그녀의 딸을 고쳐 주셨다. 이 가나안 여인의 마음이 하나님이 기뻐하시는 상하고 깨어진 마음이었기 때문이다.

다윗의 경우도 그러하였다. 그가 압살롬의 반란을 피해 도망가는 길에 바후림에 이를 즈음이었다. 이때 게라의 아들 시므이라 이름하는 자가 와서 **"피를 흘린 자여 사악한 자여 가거라 가거라"**(삼하16:7) 하면서 다윗을 향하여 돌을 던지며 그를 맹렬히 저주하였다. 다윗의 장군 아비새가 이를 듣고는 당장 시므이의 머리를 베게 해 달라고 다윗에게 요청하였다. 하지만 다윗은 아비새에게 이렇게 대답하였다. **"그가 저주하는 것은 여호와께서 그에게 다윗을 저주하라 하심이니 네가 어찌 그리하였느냐 할 자가 누구겠느냐 …… 여호와께서 그에게 명령하신 것이니 그가 저주하게 버려두라."**(삼하16:10~11) 다윗의 이 마음 또한 하나님이 기뻐하시는 깨어진 마음이었다. **"하나님께서 구하시는 제사는 상한 심령이라 하나님이여 상하고 통회하는 마음을 주께서 멸시하지 아니하시리이다."**(시51:17)

상하고 깨어진 마음을 가진 자는 고난 중에도 감사함으로 인내할 수 있다. 범사에 하나님의 주권을 인정하며, 원수의 조롱과 핍박에도 겸손히 하나님 앞에서 머무를 수 있다. 사소한 일상 가운데서도 하나님의 선한 손길을 깨닫고, 그의 부르심에 순응하는 삶을 살아갈 수 있다. 결국에는 하나님이 베푸시는 회복의 은혜 안에서 복된 삶을 살아갈 수 있다. **"주께서 나의 슬픔이 변하여 내게 춤이 되게 하시고 나의 베옷을 벗기고 기쁨으로 띠 띠우셨나이다."**(시30:11)

07

성령님의 세미한 음성

"사무엘이 사울을 볼 때에 여호와께서 그에게 이르시되 보라 이는 내가 네게 말한 사람이니 이가 내 백성을 다스리리라 하시니라."(삼상9:17)

하나님은 이스라엘 백성들이 왕을 구할 때 이를 기뻐하지 않으셨다. 그 무렵 사울의 아버지 기스가 암나귀들을 잃고는, 그의 아들 사울과 한 사환을 보내어 잃어버린 그의 암나귀들을 찾게 하였다. 사울은 잃어버린 암나귀들을 찾을 길이 없자, 그의 사환과 함께 길을 물으려고 선지자 사무엘을 찾아갔다. 하나님은 사울이 오기 전에 미리 사무엘에게 이렇게 말씀하셨다. **"내일 이맘때에 내가 베냐민 땅에서 한 사람을 네게 보내리니 너는 그에게 기름을 부어 내 백성 이스라엘의 지도자로 삼으라."**(삼상9:16)

사무엘이 그를 찾아온 사울을 볼 때, 하나님이 사무엘에게 **"보라 이는 내가 네게 말한 사람이니 이가 내 백성을 다스리리라"**(삼상9:17)고 말씀하셨다. 사무엘은 밤에 사울과 함께 지붕에서 담화하였다. 이른 아침 동틀 무렵, 사무엘이 사울을 보내며 그와 함께 성읍 끝에 다다랐을 때였다. 사무엘은 사울의 사환을 앞서 보낸 뒤, 기름병을 가져다가 그것을 사울의 머리에 붓고 그와 입맞추며 그를 이스라엘의 왕으로 세웠다.

엘리야는 갈멜 산에서 바알과 아세라의 선지자들과 대결하여 하나님의 능력으로 승리하였다. 하지만 이세벨이 이 일로 그를 죽이려 하였다. 엘리야는 이 소식을 듣고 자기의 생명을 위해 광야 길로 도망을 가게 된다. 엘리야는 브엘세바에 이르러 자기의 사환을 거기 머물게 하고, 자신은 광야로 들어가 하룻길쯤 가서 한 로뎀나무 아래에 앉아 하나님께 죽기를 구하였다. 이때 한 천사가 낙심하여 잠이 든 엘리야에게 찾아와 숯불에 구운 떡과 한 병의 물을 마시라고 말한다. 엘리야는 그 음식을 먹고 다시 누웠다가, 일어나 또다시 천사가 차려 놓은 음식을 먹고 마셨다. 그리고 그 음식물의 힘을 의지하여 사십 주 사십 야를 가서 하나님의 산 호렙에 이르게 된다.

엘리야가 호렙 산 한 굴에 들어가 머물 때였다. 하나님이 엘리야에게 말씀하셨다. **"너는 나가서 여호와 앞에서 산에 서라."**(왕상19:11) 잠시 뒤 하나님이 엘리야 앞을 지나가시자 크고 강한 바람이 일어나 산을 가르고 바위를 부수었다. 또한 바람 후에 지진이 일어나고, 지진 후에 불이 있었지만 그 가운데 하나님은 계시지 않았다. 그러나 불 후에 세미한 소리가 있었다. 엘리야가 그의 겉옷으로 얼굴을 가리고 나가 굴 어귀에 서자, 하나님이 임하셔서 그에게 할 일을 말씀하셨다. 하사엘에게 기름을 부어 아람 왕으로 세우고, 님시의 아들 예후에게 기름을 부어 이스라엘 왕으로 세울 것과, 엘리사에게 기름을 부어 그를 대신하여 선지자가 되게 하라는 것이었다.

사도행전에도 이와 유사한 사건이 나온다. 베드로가 제 육 시에 기도하려고 지붕에 올라갔을 때였다. 베드로가 황홀한 중에 보니 하늘이 열리며 큰 보자기 같은 한 그릇이 내려오는데, 그 네 귀를 매어 땅에 드리워 있었다. 그 안에는 땅에 있는 각종 네 발 가진 짐승과, 기는 것과, 공중에 나는 것들이 있었다. 그때 **"베드로야 일어나 잡아 먹어라"**(행10:13)는 소리가 있었다. 베드로가 **"주여 그럴 수 없나이다 속되고 깨끗하지 아니한 것을 내가 결코 먹지 아니하였나이다"**(행10:14)라고 대답하자, **"하나님께서 깨끗하게 하신 것을 네가 속되다 하지 말라"**(행10:15)는 소리가 들렸다. 이런 일이 세 번 있은 뒤, 그 그릇은 곧 하늘로 올라갔다.

베드로가 그가 본 환상이 무슨 뜻인지 속으로 생각할 때였다. 마침 가이샤라에서 하나님을 경외하는 로마의 백부장 고넬료가 보낸 사람들이 그의 집 문 밖에 서서 **"베드로라 하는 시몬이 여기 유숙하느냐"**(행10:18)고 물으며 그를 찾고 있었다. 그때 성령께서 베드로에게 **"일어나 내려가 의심하지 말고 함께 가라 내가 그들을 보내었느니라"**(행10:20)고 말씀하셨다. 그리하여 베드로는 그들과 함께 가이사랴로 가서 고넬료와 그의 집에 모인 사람들에게 복음을 전하여 그들을 구원하게 된다.

하나님은 오늘날에도 사무엘이나 엘리야, 베드로에게처럼, 바람이나 불이나 지진 같은 크고 강하고 요란함 가운데서보다 세미한 음성으로 우리와 대화하기를 즐겨 하신다. 친밀한 친구일수록 다른 사람이 알아들을 수 없는 조용한 속삭임으로 대화하듯, 하나님도 그의 친구 삼은 우리에게도 동일한 방법으로 교제하기를 기뻐하신다. 하나님은 우리에게 세미한 음성으로 그의 뜻을 말씀하시고, 우리로 하여금 그의 음성을 듣고 복된 길로 나아가게 하신다. **"양은 그의 음성을 듣나니 그가 자기 양의 이름을 각각 불러 인도하여 내느니라 자기 양을 다 내놓은 후에 앞서 가면 양들이 그의 음성을 아는 고로 따라오되 타인의 음성은 알지 못하는 고로 타인을 따르지 아니하고 도리어 도망하느니라."**(요10:4~5) 그러므로 세상을 향한 우리의 눈과 귀를 닫고, 우리 마음에 내주하시는 성령님의 세미한 음성에 귀 기울이자. 성령님의 눈과 귀로 이 시대를 분별하고, 우리를 통해 일하기를 원하시는 성령님의 온전한 그릇이 되자.

08

하나님의 증거

"요나단이 이르되 보라 우리가 그 사람들에게로 건너가서 그들에게 보이리니 그들이 만일 우리에게 이르기를 기다리라 하면 우리는 우리가 있는 곳에 가만히 서서 그들에게로 올라가지 말 것이요 그들이 만일 우리에게로 올라오라 하면 우리가 올라갈 것은 여호와께서 그들을 우리 손에 넘기셨음이니 이것이 우리에게 표징이 되리라 하고."(삼상14:8~10)

사울 왕이 통치할 당시 블레셋이 이스라엘을 쳐들어왔다. 당시 이스라엘에는 사울과 요나단 외에는 칼이나 창이 없었고, 고작 사울 왕과 함께 있는 군사의 수는 육백 명 남짓이었다. 하루는 요나단이 그의 아버지 사울에게는 알리지 않고 자기 병기 든 소년과 함께 블레셋 진영으로 건너가 싸우고자 하였다. 요나단이 블레셋 사람에게로 건너가려는 어귀 사이 이쪽에는 험한 바위가 있고 저쪽에도 험한 바위가 있는 험준한 지형이었다.

요나단이 병기 든 소년에게 말했다. **"보라 우리가 그 사람들에게로 건너가서 그들에게 보이리니 그들이 만일 우리에게 이르기를 우리가 너희에게**

로 가기를 기다리라 하면 우리는 우리가 있는 곳에 가만히 서서 그들에게로 올라가지 말 것이요 만일 우리에게로 올라오라 하면 우리가 올라갈 것은 여호와께서 그들을 우리 손에 넘기셨음이니 이것이 우리에게 표징이 되리라."(삼상 14:8~10) 이 말을 하고는 둘이 다 블레셋 사람들에게 보이자, 블레셋 사람들은 그들에게 **"우리에게 올라오라 우리가 너희에게 보여줄 것이 있느니라"**(삼상14:12)고 말하였다. 이에 요나단은 하나님의 승리를 확신하며 그의 손과 발로 절벽을 기어 올라갔다. 뒤 따르던 그의 병기 든 소년은 반나절 갈이 땅 안에서 처음으로 블레셋 사람 이십 명 가량을 쳐죽였다. 이때 하나님이 큰 지진을 일으키시자, 블레셋 진영에는 자중지란이 일어나 크게 혼란하였다. 힘을 얻은 이스라엘 사람들이 에브라임 산지에 숨어 있다가 전쟁에 가세하고, 블레셋과 함께 전장에 나온 히브리 사람들은 돌이켜 요나단과 합세하여 블레셋 사람들과 싸웠다. 그리하여 요나단은 그날 전쟁에서 큰 승리를 거두게 된다.

요나단처럼 하나님의 증거를 구한 예는 창24장에도 나온다. 아브라함의 종이 이삭의 아내를 구하기 위해 나홀의 성에 이르렀을 때였다. 그는 마음속으로 하나님께 이렇게 기도하였다. **"한 소녀에게 이르기를 청하건대 너는 물동이를 기울여 나로 마시게 하라 하리니 그의 대답이 마시라 내가 당신의 낙타에게도 마시게 하리라 하면 그는 주께서 주의 종 이삭을 위하여 정하신 자라 이로 말미암아 주께서 내 주인에게 은혜 베푸심을 내가 알겠나이다."**(창 24:14) 하나님은 아브라함의 종이 마음속으로 말을 마치기도 전에 그의 기도를 들으시고 순적히 리브가를 만나게 하셨다. **"너희 마음에서 일어나는 것을 내가 다 아노라."**(겔11:5)

기드온도 하나님의 부르심에 대한 확신을 얻기 위해 서늡 하나님의 증거를 구하였다. **"주께서 이미 말씀하심 같이 내 손으로 이스라엘을 구원하시려거든 보소서 내가 양털 한 뭉치를 타작마당에 두리니 만일 이슬이 양털에만 있고 주변 땅은 마르면 주께서 이미 말씀하심 같이 내 손으로 이스라엘을 구원하실 줄을 내가 알겠나이다."**(삿6:36~37). **"주여 내게 노하지 마옵소서 내가 이번만 말하리이다 구하옵나니 내게 이번만 양털로 시험하게 하소서 원하건대 양털만 마르고 그 주변 땅에는 이슬이 있게 하옵소서."**(삿6:39)

홍수 심판 이후, 하나님은 이 세상을 다시는 물로 심판하지 않으실 것을 믿게 하기 위해 노아에게 무지개를 그 증거로 보여 주셨다.(창9:13) 아브라함에게는 그와 그 집의 모든 남자들이 할례를 받게 하셔서 하나님의 언약의 증거를 그들의 몸에 지니게 하셨다.(창17:11) 광야의 이스라엘 백성들에게는 하나님이 그들과 동행하심을 믿게 하기 위해 낮에는 구름 기둥을, 밤에는 불기둥을 그들에게 보여 주셨다. 또한 하나님은 모세를 통해 이스라엘 모든 장로와 관리들에게 율법의 말씀을 들려주실 때, 그들이 훗날 이 율법을 지키지 않으면 재앙을 당할 것임을 하늘과 땅을 증거로 삼아 명령하셨다.(신31:28) 여호수아도 그가 죽기 전에 큰 돌을 가져다가 여호와의 성소 곁에 있는 상수리나무 아래 세우고 **"보라 이 돌이 우리에게 증거가 되리니 이는 여호와께서 우리에게 하신 모든 말씀을 이 돌이 들었음이라"**(수24:27) 하며, 이스라엘 백성들에게 하나님께 순종할 것을 명령하였다.

하지만 우리는 예수님의 공생애 당시 유대 백성들처럼 하나님의 표적 보여 주기를 구해서는 안 된다. 우리는 우리의 눈에 보이는 것을 따라 사는 자가 아니라 보이지 않는 하나님을 믿음으로 순종하며 살아가는 자들이기 때문이다.(히11:1) **"악하고 음란한 세대가 표적을 구하나 선지자 요나의 표적밖에는 보일 표적이 없느니라 요나가 밤낮 사흘 동안 큰 물고기 뱃속에 있었던 것 같이 인자도 밤낮 사흘 동안 땅 속에 있으리라."**(마12:39~40) **"그들의 눈이 밝아져 그인 줄 알아보더니 예수는 그들에게 보이지 아니하시는지라."**(눅24:31)

그럼에도 불구하고, 우리는 때때로 요나단이나 기드온처럼 확실한 증거를 통해 하나님의 인도하심을 구할 수 있다. 이는 하나님을 시험하는 불신앙의 행위라기보다 우리를 향하신 하나님의 분명한 뜻을 알고, 확신 가운데 순종하여 그의 뜻을 이루어드리기를 소원하는 믿음의 발로에서이다. 하나님은 우리의 이 믿음의 행위를 기뻐하시리라 확신한다. **"믿음이 없이는 하나님을 기쁘시게 하지 못하나니 하나님께 나아가는 자는 반드시 그가 계신 것과 또한 그가 자기를 찾는 자들에게 상주시는 이심을 믿어야 할지니라."**(히11:6)

모든 이적에는 말씀이신 하나님의 뜻이 담겨 있다. 하나님이 모세를 애굽으로 보내기 위해 그를 부르셨을 때, 모세는 하나님의 부르심에 계속 머뭇거렸다. 이때 하나님이 모세에게 하신 말씀을 보면 잘 알 수 있다. **"만일 그들이 너를 믿지 아니하며 그 처음 표적(**지팡이와 뱀**)의 표징을 믿지 아니하여도 나중 표적의 표징**(문둥병 든 손)**은 믿으리라."**(출4:8) 여기서 '표징'이라고 번역된 단어 'קוֹל'은 '음성'이란 의미이다. 요한계시록 1:12에도 '음성을 알아보려고'라는 말이 나오는데, 이 말도 직역하면 '음성을 보려고'(βλέπειν την φωνην)라는 의미이다. 이처럼 모든 표적에는 하나님의 음성, 즉 하나님의 말씀이 들어 있다. 그러므로 우리는 나타난 이적보다 이적을 통해 말씀하시는 하나님의 말씀에 귀 기울여야 한다. 거짓 선지자나 거짓 사도들도 사탄의 역군이 되어 많은 이적과 기사를 행할 수 있기 때문이다.(출7:11, 계13:11~14) **"이러므로 하나님이 미혹의 역사를 그들에게 보내사 거짓 것을 믿게 하심은 진리를 믿지 않고 불의를 좋아하는 모든 자들로 하여금 심판을 받게 하려 하심이라."**(살후2:11~12)

오늘날 우리가 구해야 할 최고의 하나님의 증거는 무엇일까? 그것은 다름 아닌 말씀이신 하나님이 육신으로 오신 우리의 구원자 예수 그리스도이시다. 하나님은 마지막 날 그의 아들을 이 세상에 보내시어 친히 자신을 증거하셨기 때문이다. **"너희가 가서 강보에 싸여 구유에 뉘어 있는 아기를 보리니 이것이 너희에게 표적이니라."**(눅2:12) **"너희 율법에도 두 사람의 증언이 참되다 기록되었으니 내가 나를 위하여 증언하는 자가 되고 나를 보내신 아버지도 나를 위하여 증언하시느니라."**(요8:17~18) 그러므로 우리는 예수님을 사랑하고 그 말씀에 순종하는 믿음의 증인으로 살아야 한다. 만일 우리가 진리의 말씀에 순종하는 증인의 삶 대신 기적과 표적만을 따르는 삶을 산다면, 다음과 같은 심판의 말씀이 우리를 기다리고 있음을 명심해야 한다. **"그날에 많은 사람이 나더러 이르되 주여, 주여, 우리가 주의 이름으로 선지자 노릇 하며 주의 이름으로 귀신을 쫓아내며 주의 이름으로 많은 권능을 행치 아니하였나이까 하리니 그때에 내가 그들에게 밝히 말하되 내가 너희를 도무지 알지 못하니 불법을 행하는 자들아 내게서 떠나가라 하리라."**(마7:22~23)

아브라함은 비록 가나안 땅에 거류하는 나그네였지만, 그는 그곳 원주민들로부터 하나님이 세우신 지도자로 인정받는 증인의 삶을 살았다.(창21:22~23) 많은 구약의 선지자들과 신약의 사도들 또한 고난 중에도 하나님의 신실한 증인으로서의 삶을 살았다. **"내가 말할 때마다 외치며 파멸과 멸망을 선포하므로 여호와의 말씀으로 말미암아 내가 종일토록 치욕과 모욕거리가 됨이니이다."**(렘20:8) **"너희 중 장로들에게 권하노니 나는 함께 장로 된 자요 그리스도의 고난의 증인이요 나타날 영광에 참여할 자니라."**(벧전5:1)

예수님은 우리가 당하는 많은 시험과 고난 중에서도 우리와 함께 하신다. **"너희가 세상에 속하였으면 세상이 자기의 것을 사랑할 것이나 너희는 세상에 속한 자가 아니요 도리어 내가 너희를 세상에서 택하였기 때문에 세상이 너희를 미워하느니라."**(요15:19) 지금도 성령으로 우리와 함께 하셔서 우리로 하여금 그의 신실한 증인으로 살아가게 하신다. **"진리의 성령이 오실 때에 그가 나를 증언하실 것이요 너희도 처음부터 나와 함께 있었으므로 증언하느니라."** (요15:26~27) 사도 바울도 고린도 성도들에게 편지하면서, 그의 전도함이 설득력 있는 사람의 지혜의 말이 아닌 오직 성령의 나타나심과 능력으로 하였다고 말하였다.(고전2:4~5)

우리는 이러한 예수님의 고난의 증인 된 삶이야말로 영원한 하늘의 영광에 이르는 길임을 알고 기뻐할 수 있다. 우리의 이마에는 사망과 세상을 이기신 어린 양의 이름과 그 아버지의 이름을 쓴 눈물의 증거가 있기 때문이다. **"여호와께서 이르시되 너는 예루살렘 성읍 중에 순행하여 그 가운데에서 행하는 모든 가증한 일로 말미암아 탄식하며 우는 자의 이마에 표를 그리라 하시고."**(겔9:4) 그리고 잠시 후면 하나님은 세상의 즐거움으로 웃는 자에게는 영원한 울음으로, 죄악 세상을 향해 우는 자에게는 영원한 웃음으로 갚아 주실 것이기 때문이다. **"인자로 말미암아 사람들이 너희를 미워하며 멀리하고 욕하고 너희 이름을 악하다 하여 버릴 때에는 너희에게 복이 있도다 그날에 기뻐하고 뛰놀라 하늘에서 너희 상이 큼이라 …… 너희 지금 웃는 자여 너희가 애통하며 울리로다."**(마6:22~25)

09

골리앗의 칼

"제사장이 이르되 네가 엘라 골짜기에서 죽인 블레셋 사람 골리앗의 칼이 보자기에 싸여 에봇 뒤에 있으니 네가 그것을 가져가려거든 가지라 여기는 그것밖에 다른 것이 없느니라 하는지라 다윗이 이르되 그같은 것이 또 없나니 내게 주소서 하더라."(삼상21:9)

사울 왕이 다윗을 죽이려 할 때 다윗은 급히 놉 땅의 제사장 아히멜렉에게로 갔다. 아히멜렉은 떨며 다윗을 영접하였다. 다윗이 시장하여 그에게 떡을 구하자, 아히멜렉은 보통 떡은 없으나 진설병, 곧 여호와 앞에서 물려낸 떡이 있으니 여자를 가까이만 하지 아니하였으면 주리라고 다윗에게 말하였다. 그리고 다윗이 아히멜렉에게 **"여기 당신의 수중에 창이나 칼이 없나이까 왕의 일이 급하므로 내가 내 칼과 무기를 가지지 못하였나이다"**(삼상21:8)라고 하자, 아히멜렉은 다윗이 골리앗을 죽일 때 노획한 골리앗의 칼을 그에게 건네주었다. 다윗은 이 칼을 받고는 사울 왕을 피해 급히 가드 왕 아기스에게로 도망하였다.

하나님은 사울 왕의 핍박에 쫓겨 도망하는 다윗에게 아히멜렉을 통해 골리앗의 칼을 건네주셨다. 다윗은 골리앗의 칼을 받아 들고 무슨 생각을 했을까? '하나님이 이전에 나와 함께 하셔서 골리앗마저 넘어뜨리셨는데, 그 하나님이 지금도 나와 함께 하시지 않는가?' 다윗은 비록 그의 연약함으로 인해 아기스 왕에게로 도망가긴 하였지만, 이러한 믿음으로 그의 마음을 붙잡고 그의 걸음을 황급히 옮겼을 것이다. 아히멜렉이 건네준 골리앗의 칼을 통해 하나님의 위로와 함께 하심을 굳게 믿고, 내일 일을 알 수 없는 고난 중에서도 하나님을 신뢰하며 인내의 걸음을 옮길 수 있었을 것이다.

모세의 경우도 그러하였다. 모세는 시내 산에서 하나님의 부르심을 받고 양을 치던 그의 지팡이를 들고 애굽으로 내려갔다. 모세는 바로 왕 앞에서 그의 지팡이로 하나님의 여러 이적을 행하며 바로에게 이스라엘 백성들을 놓아 줄 것을 거듭 요청하였다. 교만한 바로 왕은 하나님이 행하신 아홉 번의 기적에도 더욱 강퍅해져서 이스라엘 백성들을 내보내지 않았다. 결국 애굽의 모든 장자와 가축의 처음 난 것까지 죽임을 당하고 나서야, 그는 마침내 이스라엘 백성들을 놓아 주었다.

이스라엘 백성들이 황급히 애굽을 떠나자, 바로 왕은 마음이 변하여 애굽을 나간 그들을 곧 추격하였다. 하지만 바로와 애굽 군대가 이스라엘 백성들을 추격하며 뒤따라 홍해로 들어갔다가 그들은 모두 바닷물에 휩쓸려 죽임을 당하고 만다. **"그가 바로의 병거와 그의 군대를 바다에 던지시니 최고의 지휘관들이 홍해에 잠겼고 깊은 물이 그들을 덮으니 그들이 돌처럼 깊음 속에 가라앉았도다."**(출15:4~5) 이때 모세는 하나님의 명령에 따라 그의 지팡이를 들어 홍해를 갈라지게 하였다. 모세는 애굽에서 그의 지팡이로 여러 이적을 행하신 하나님의 능력을 믿고, 그 지팡이로 홍해를 갈라지게 하여 온 천하에 하나님의 영광을 나타내 보일 수 있었다. 모세에게 환난의 홍해 앞의 지팡이는, 다윗이 아히멜렉에게서 건네받은 골리앗의 칼이었기 때문이다.

하지만, 우리가 여기서 조심해야 할 것은 골리앗의 칼이나 모세의 지팡이를 우상시해서는 안 된다는 점이다. 그 한 예가 있다. 광야에서 이스라엘 백성들이 하나님을 원망한 일로 불뱀에 물려 죽어갈 때였다. 모세는 하나님의 지시로 그들을 구원하기 위해 놋뱀을 만들어 한 장대에 매달았다. 하나님이 그에게 **"물린 자마다 그것을 보면 살리라"**(민21:8)고 말씀하셨기 때문이다. 하나님의 이 약속의 말씀을 믿고 놋뱀을 쳐다본 자는 모두 불뱀의 독에서 치료 받아 살 수 있었다. **"모세가 광야에서 뱀을 든 것 같이 인자도 들려야 하리니 이는 그를 믿는 자마다 영생을 얻게 하려 하심이니라."**(요3:14~15) 그 뒤, 이스라엘 백성들은 히스기야 왕의 시대까지 모세의 놋뱀을 향하여 분향하며 그것을 우상처럼 섬겼다. 히스기야 왕은 이러한 이스라엘 백성들의 죄를 영적으로 분별하고 그 놋뱀을 부수어 그 이름을 '느후스단'이라 불렀다(왕하18:4) 그것은 단순히 '놋조각'에 불과하였기 때문이다.('느후스단'은 '놋조각'이란 의미)

이런 연유로, 하나님은 아론의 싹 난 지팡이와 만나 항아리를 잃어버리게 하셨는지도 모른다. 솔로몬이 성전을 건축한 뒤 언약궤를 지성소에 메어 들일 때, 지성소 안에 있는 성물 중 아론의 싹 난 지팡이와 만나 항아리에 대한 언급이 없기 때문이다.(대하5:10) 뿐만 아니라, 하나님이 지성소의 언약궤와 솔로몬의 성전마저 바벨론에게 빼앗기고 무너지게 하신 이유이기도 할 것이다. **"여호와의 말씀이니라 너희가 이 땅에서 번성하여 많아질 때에는 사람들이 여호와의 언약궤를 다시는 말하지 아니할 것이요 생각하지 아니할 것이요 기억하지 아니할 것이요 찾지 아니할 것이요 다시는 만들지 아니할 것이며."**(렘3:16) 참 성전은 사람이 만든 건물이 아니라 하나님의 아들 예수 그리스도시요, 그를 믿는 우리의 살아 있는 몸이기 때문이다. 또한 지성소의 언약궤는 말씀이신 하나님이 육신으로 오실 예수 그리스도를 예표하고 있기 때문이다. **"너희가 이 성전을 헐라 내가 사흘 동안에 일으키리라."**(요2:19) **"말씀이 육신이 되어 우리 가운데 거하시매 우리가 그의 영광을 보니 아버지의 독생자의 영광이요 은혜와 진리가 충만하더라."**(요1:14)

하나님은 지금도 때때로 자기 백성들이 극한 고난의 상황에 처할 때, 이전에 그가 베풀어 주신 골리앗의 칼이나 모세의 지팡이 같은 은혜의 증거들을 기억나게 하시거나 보여 주신다. 그러한 과거의 은혜의 증거들을 통해 우리를 위로하시고 새 힘을 주시며, 우리를 평강과 승리의 길로 인도하신다. **"이르시되 네가 애굽 땅에서 나오던 날과 같이 내가 그들에게 이적을 보이리라."**(미7:15)

10

여호사밧의 하나님

"엘리사가 이르되 내가 섬기는 만군의 여호와께서 살아 계심을 두고 맹세하노니 내가 만일 유다의 왕 여호사밧의 얼굴을 봄이 아니면 그 앞에서 당신을 향하지도 아니하고 보지도 아니하였으리이다."(왕하3:14)

아합 왕의 아들 여호람 때에 모압이 이스라엘을 배반하였다. 여호람은 유다 왕 여호사밧에게 사신을 보내어 자기와 함께 모압 왕을 칠 것을 요청하였다. 이에 여호람 왕은 여호사밧과 에돔 왕과 연합군을 형성하여 모압과 싸우러 길을 나섰다. 그들이 길을 둘러간 지 칠 일 무렵이었다. 세 왕은 군사와 가축을 먹일 물이 없어, 그들은 여호사밧의 권유로 하나님의 도우심을 구하기 위해 엘리사 선지자를 찾아갔다.

엘리사 선지자는 그들에게 **"내가 만일 유다의 왕 여호사밧의 얼굴을 봄이 아니면 그 앞에서 당신을 향하지도 아니하고 보지도 아니하였으리이다."**(왕하3:14)고 말하고는, 골짜기에 개천을 많이 파면 물이 나올 것이며 모압도 물리칠 수 있을 것이라고 말하였다. **"사랑하는 자들아 만일 우리 마음이 우리를 책망할 것이 없으면 하나님 앞에서 담대함을 얻고 무엇이든지 구하**

는 바를 그에게서 받나니 이는 우리가 그의 계명을 지키고 그 앞에서 기뻐하시는 것을 행함이라.”(요일3:21~22) 엘리사의 말대로 세 왕과 군사들은 개천을 파서 물을 흡족히 마실 수 있었다. 그리고 개천에서 흐른 물이 아침 햇빛을 받아 피 같이 되자, 모압 왕이 이를 오인하여 섣불리 그들과 전쟁을 벌이다 전쟁에서 패하고 만다.

“내 형제들아 영광의 주 곧 우리 주 예수 그리스도를 믿는 믿음을 너희가 받았으니 사람을 외모로 취하지 말라 만일 너희가 외모로 사람을 취하면 죄를 짓는 것이니 율법이 너희를 범죄자로 정하리라.”(약2:1, 9) 하나님은 사람의 낯을 보고 차별하지 않으신다. 하지만 하나님은 여호사밧에게 그리하셨듯이, 그를 경외하는 자를 특별히 귀히 여기신다. 하나님은 이새의 아들 다윗을 '내 마음에 합한 자'라 하시며 귀히 여기셨고, 예수님도 제자 요한을 특별히 사랑하셨다.(요21:20) **“그때에 여호와를 경외하는 자들이 피차에 말하매 여호와께서 그것을 분명히 들으시고 여호와를 경외하는 자와 그 이름을 존중히 여기는 자를 위하여 여호와 앞에 있는 기념책에 기록하셨느니라 만군의 여호와가 이르노라 나는 내가 정한 날에 그들을 나의 특별한 소유로 삼을 것이요 또 사람이 자기를 섬기는 아들을 아낌 같이 내가 그들을 아끼리라.”**(말3:16~17)

한편, 하나님은 우리가 악한 자와 교제하는 것을 기뻐하지 않으신다. **“너희는 너희가 거주하던 애굽 땅의 풍속을 따르지 말며 내가 너희를 인도할 가나안 땅의 풍속도 따르지 말고 너희는 내 법도를 따르며 내 규례를 지켜 행하라 나는 너희의 하나님 여호와이니라.”**(레18:3~4) 여호사밧 왕은 아합 왕과 연합하여 길르앗 라못을 치러 전쟁에 나간 적이 있었다. 여호사밧 왕이 전쟁에서 돌아왔을 때 하나니의 아들 선견자 예후가 그에게 말했다. **"왕이 악한 자를 돕고 여호와를 미워하는 자들을 사랑하는 것이 옳으니이까 그러므로 여호와께로부터 진노하심이 왕에게 임하리이다 그러나 왕에게 선한 일도 있으니 이는 왕이 아세라 목상들을 이 땅에서 없애고 마음을 기울여 하나님을 찾음이니이다."**(대하19:3) 여호사밧 왕은 이 말을 듣고 온전히 그의 마음을 하나님께로 돌이켰다. 브엘세바에서부터 에브라임 산지까지 민간에 두루 다니며 백성들을 하나님께로 돌아오게 하고, 성읍마다 재판관들을 세워 하나님의 율법을 지키게 하였다. 하지만 여호사밧 왕은 나중에 이스라엘의 아하시야 왕과 연합하여 배를 만들어 다시스로 보내고자 하였다. 하나님은 그의 불순종을 기뻐하지 아니 하시고, 그 배들을 깨뜨려서 그들이 함께 가지 못하게 만드셨다.(대하20:37)

악한 자와의 교제는 우리로 하여금 본의 아니게 그의 악한 계교에 휩쓸려 하나님의 뜻을 불순종하게 만든다. 모든 일을 하나님과 의논하는 신령한 교제의 삶을 애당초 불가능하도록 만든다. 하나님이 우리에게 악한 자와의 교제를 여러 말씀으로 경계하시는 이유도 여기에 있다. **"너는 우리와 함께 제비를 뽑고 우리가 함께 전대 하나만 두자 할지라도 내 아들아 그들과 함께 길에 다니지 말라 네 발을 금하여 그 길을 밟지 말라 대저 그 발은 악으로 달려가며 피를 흘리는 데 빠름이니라."**(잠1:14-16) **"내가 비옵는 것은 그들을 세상에서 데려가시기를 위함이 아니요 오직 악에 빠지지 않게 보전하시기를 위함이니이다 내가 세상에 속하지 아니함 같이 그들도 세상에 속하지 아니하였사옵나이다."**(요17:15~16)

우리는 이 세상을 사는 동안에는 하나님을 알지 못하는 악한 사람들과 함께 살아가지 않을 수 없다.(고전5:10) 하지만 그들의 악한 의도를 잘 분별하고 그들의 악에 동참해서는 안 될 것이다. **"그러므로 너희는 그들 중에서 나와서 따로 있고 부정한 것을 만지지 말라 내가 너희를 영접하여 너희에게 아버지가 되고 너희는 내게 자녀가 되리라 전능하신 주의 말씀이니라 하셨느니라."**(고후6:17~18) **"너희는 떠날지어다 떠날지어다 거기서 나오고 부정한 것을 만지지 말지어다 그 가운데에서 나올지어다 여호와의 기구를 메는 자들이여 스스로 정결하게 할지어다."**(사52:11) 이러한 삶을 살아갈 때, 우리 역시 여호사밧을 귀히 여기신 하나님의 칭찬 받는 사람이 될 수 있을 것이다. 죄악이 관영한 세상 가운데서도 노아와 다니엘, 욥과 모세, 사무엘 같이 하나님께로부터 인정받는 삶을 살아갈 수 있을 것이다. **"비록 노아, 다니엘, 욥, 이 세 사람이 거기에 있을지라도 그들은 자기의 공의로 자기의 생명만 건지리라."**(겔14:14) **"여호와께서 내게 이르시되 모세와 사무엘이 내 앞에 섰다 할지라도 내 마음은 이 백성을 향할 수 없나니 그들을 내 앞에서 쫓아 내보내라."**(렘15:1)

11

부스러기의 은혜

"칠 년이 다하매 여인이 블레셋 사람들의 땅에서 돌아와 자기 집과 전토를 위하여 호소하려 하여 왕에게 나아갔더라."(왕하8:3)

수넴 지방에 한 귀한 여인이 살고 있었다. 여인은 엘리사가 그곳을 지날 때마다 그에게 음식을 공궤하였다. 그뿐 아니라, 여인은 그의 남편과 의논하여 엘리사를 위하여 작은 방을 자기 집의 담 위에 만들었다. 그 방 안에 침상과 책상, 그리고 의자와 촛대를 두고는, 엘리사가 지날 때마다 그 방에 머물도록 배려하였다. 이를 본 엘리사가 자기 사환을 시켜 여인에게 전하기를 **"네가 이같이 우리를 위하여 세심한 배려를 하니 내가 너를 위하여 무엇을 하랴 왕에게나 사령관에게나 무슨 구할 것이 있느냐."**(왕하4:13)하자, 그녀는 별 어려움 없이 자기 백성 가운데 살고 있다고 대답하였다.

엘리사는 그의 사환 게하시를 통해 여인의 남편은 늙고, 그 여인에게 아들이 없음을 알고는 하나님께 구하여 그녀에게 아들을 약속하였다. 엘리사의 말대로 여인은 다음 해에 아들을 낳았다. 그 아이가 자라난 어느 날이었다. 아이는 추수꾼들에게 나가서 그의 아버지와 함께 들에 있었는데, 갑자기 위중하여져서 집에 돌아와 그의 어머니의 무릎에서 죽고 말았다. 아이가 죽자 여인은 급히 엘리사에게로 달려가 도움을 구하였다. 그리하여 그녀의 아들은 하나님의 은혜로 다시 살아나게 된다.

그 뒤 어느 날, 엘리사는 여인에게 '하나님이 이 땅에 칠 년 동안 기근을 허락하실 것이니 가족과 함께 거주할 만한 곳으로 가서 거주하라'고 말하였다. 여인은 가족과 함께 블레셋 사람들의 땅으로 가서 칠 년 동안 거기서 우거하였다. 칠 년이 다하자, 그녀는 블레셋에서 돌아와 자기 집과 전토를 찾기 위해 왕에게 호소하려고 왕궁으로 나아갔다. 마침 왕이 엘리사의 사환 게하시와 함께 그녀에 대해 이야기하고 있을 때였다. 수넴 여인이 들어와 왕의 도움을 구하자, 왕은 즉시 관리에게 명령하여 그녀에게 속한 모든 것과, 이 땅에서 떠날 때부터 이제까지의 모든 밭의 소출을 그녀에게 돌려주라고 명령하였다.

엘리사가 처음에 여인의 세심한 공궤를 받은 뒤, 그녀에게 '왕이나 사령관에게 무슨 구할 것이 있느냐'고 물었을 때, 그녀는 백성 중에 거하고 있으므로 특별히 구할 것이 없다고 대답하였다. 그러나 시간이 지나, 그녀가 블레셋에 칠 년간 우거하다 돌아와 왕에게 그의 집과 전토를 호소할 때였다. 하나님은 미리 게하시를 그녀 앞서 왕에게로 보내셨다. 왕과 함께 그녀에 대한 대화를 하게 하시고, 그녀가 구하는 집과 전토의 문제를 아무 어려움 없이 해결하게 해 주셨다.

수넴 여인은 이러한 하나님의 선한 섭리의 인도하심을 받았을 때 무슨 생각을 했을까? 당시에는 스쳐 지나가는 의미 없어 보이는 부스러기 같은 하나님의 말씀일지라도, 하나님의 말씀은 언젠가는 그를 경외하는 자녀를 향해 큰 은혜로 찾아와 그의 뜻을 이루는 능력의 말씀임을 깨닫게 되지 않았을까! 오묘하고 크신 하나님의 은혜를 찬양하지 않았을까! 이러한 측량할 수 없는 하나님의 은혜야말로 진정 하나님을 사랑하며 그의 말씀에 순종하는 자녀만이 누릴 수 있는 축복일 것이다. **"여호와는 나의 선한 목자시니 내가 부족함이 없으리로다 그가 나를 푸른 풀밭에 누이시며 쉴 만한 물가로 인도하시는도다 …… 내 평생에 선하심과 인자하심이 반드시 나를 따르리니 내가 여호와의 집에 영원히 거하리로다."**(시23:1~6)

하나님은 식언하지 않으신다.(민23:19) 비록 우리가 그 말씀을 믿지 못하고 잊을지라도 하나님은 자신이 하신 말씀을 결코 잊지 않으신다. 반드시 때가 되면 그가 말씀하신 대로 이루신다. 아브라함에게 이삭을 주신 은혜가 그러하였고(창 21:1~2), 약속의 땅 가나안을 주시기 위해 사백 년간 종살이하던 이스라엘 백성들을 구원하신 출애굽 사건도 그러하였다.(출 3:8) 하나님은 마침내 아담에게 약속하신 '여자의 씨'로 친히 이 세상에 오셔서 창세 전에 택한 자기 백성들의 구원을 이루셨다. **"진실로 진실로 너희에게 이르노니 아브라함이 나기 전부터 내가 있느니라."** (요8:58) **"옛적에 선지자들을 통하여 여러 부분과 여러 모양으로 우리 조상들에게 말씀하신 하나님이 이 모든 날 마지막에는 아들을 통하여 우리에게 말씀하셨으니 이 아들을 만유의 상속자로 세우시고 또 그로 말미암아 모든 세계를 지으셨느니라."**(히1:1~2)

예수님의 발치에 앉아 그의 입에서 나오는 한 말씀도 놓치지 않고 귀를 기울인 마리아처럼, 우리 또한 부스러기 같은 하나님의 말씀에도 우리의 마음의 귀를 기울이자. 또한 예수님께 **"개들도 제 주인의 상에서 떨어지는 부스러기를 먹나이다"**(마15:27) 라고 고백하며 간절히 예수님의 말씀을 구한 수로보니게 여인의 마음을 갖도록 하자. 하나님의 말씀에 대한 그러한 헌신이, 우리로 하여금 오늘의 수넴 여인이 되게 하실 것이다. **"여호와께서 백성을 사랑하시나니 모든 성도가 그의 수중에 있으며 주의 발 아래에 앉아서 주의 말씀을 받는도다."**(신33:3) **"내가 주의 계명들을 사모하므로 내가 입을 열고 헐떡였나이다."**(시119:130~131)

12

하나님과의 화평한 관계

"아사가 노하여 선견자를 옥에 가두었으니 이는 그의 말에 크게 노하였음이며 그 때에 아사가 또 백성 중에서 몇 사람을 학대하였더라 …… 아사가 왕이 된 지 삼십구 년에 그의 발이 병들어 매우 위독했으나 병이 있을 때에 그가 여호와께 구하지 아니하고 의원들에게 구하였더라."(대하 16:10~12)

프랑스의 사상가 볼테르는 예수님을 극도로 모독하며 대적한 사람이었다. 그는 그의 죽음 직전에 "나는 하나님과 인간 모두에게 버림받았다"고 절규하였다 한다. 볼테르가 얼마나 죽음의 고통과 두려움에 발악하였으면, 그를 간호하던 간호사가 "내게 전 유럽의 재산을 준다 해도 나는 두 번 다시 불신자의 죽음을 보고 싶지 않다"고 말하였을까. 하나님과 죄인간의 화목제물이 되신 예수님을 믿지 않는 자의 종말이 어떠함을 잘 깨달을 수 있는 실례이다.

예수님을 믿는 하나님의 자녀라 할지라도 신앙의 여정 가운데서 때때로 죄로 인해 강퍅해질 수 있다. **"오직 오늘이라 일컫는 동안에 매일 피**

차 권면하여 너희 중에 누구든지 죄의 유혹으로 완고하게 되지 않도록 하라." (히3:13) 유다의 아사 왕은 처음에는 하나님이 보시기에 선과 정의를 행하였다. 이방 제단과 산당을 없애고, 주상을 깨뜨리고, 아세라 상을 찍고, 백성으로 하여금 하나님을 온전히 찾게 하였다. 하나님은 그와 유다에 평안함과 형통함을 주셨다. 구스 군대가 군사 백만 명과 병거 삼백 대를 거느리고 유다를 공격했을 때에도, 그는 하나님의 도우심으로 큰 승리를 거둘 수 있었다. 전쟁에서 승리하고 돌아올 때, 아사 왕은 아사랴 선지자의 말에 힘입어 그의 마음을 더욱 강하게 하였다. 하나님의 제단을 재건하고, 가증한 물건들을 제거하고, 오직 하나님만을 경외하며 섬겼다. 이를 본 많은 북 이스라엘 사람들이 하나님이 그와 함께 하심을 보고 그에게로 돌아오기도 하였다.(대하15:9)

아사 왕 제삼십육년에 이스라엘 왕 바아사가 유다를 침공할 때였다. 그는 아람 왕 벤하닷에게 여호와의 전 곳간과 왕궁 곳간에 있는 금은을 내어주며 그에게 도움을 구하였다. 이 일로 이스라엘은 유다에서 물러가긴 하였지만, 아사 왕은 선지자 하나니로부터 책망을 받게 된다. 하나님을 의지하지 않고 아람 왕을 의지한 그의 불신앙 때문이었다. 이때 아사 왕은 노하여 선지자 하나니를 옥에 가두고 또 백성 중에서 몇 사람을 학대하였다. 그 뒤, 그는 발에 매우 심한 병이 들었지만 하나님께 의논하지 않고 의원에게 도움을 구하였다. 이 년 뒤 아사 왕은 결국 그 발의 병으로 죽게 된다. 아사 왕이 선지자의 책망을 듣고 겸손히 하나님께로 돌이켰다면 그의 발에 병이 들었을 때 의원을 찾아갔을까? 만일 그랬더라면, 그는 그동안 모든 환난과 전쟁에서 그를 돌보셨던 하나님께 즉시 나아가 하나님의 긍휼을 구하지 않았을까.

히스기야와 사울 왕의 경우를 보자. 히스기야 왕은 모레셋 사람 미가 선지자가 유다와 그의 죄를 책망할 때, 그는 즉시 하나님께로 돌이켜 하나님의 용서와 회복의 은혜를 받을 수 있었다.(렘26:19) 하지만 사울 왕은 완고한 마음으로 하나님과 끝까지 불화하다 결국 하나님께로부터 버림받고 말았다. **"이는 거역하는 것은 점치는 죄와 같고 완고한 것은 사신 우상에게 절하는 죄와 같음이라 왕이 여호와의 말씀을 버렸으므로 여호와께서도 왕을 버려 왕이 되지 못하게 하셨나이다."**(삼상15:23) 우리의 마음은 하나님의 책망하시는 음성을 거역할수록 더욱 완고하게 된다. 종국에는 돌이킬 수 없는 불행과 사망의 늪에서 허우적거리게 된다. **"이스라엘은 완강한 암소처럼 완강하니 이제 여호와께서 어린 양을 넓은 들에서 먹임 같이 그들을 먹이시겠느냐."**(호4:16)

아브람의 경우를 볼 때 하나님과의 화평의 삶이 얼마나 하나님께 영광을 돌릴 수 있는지를 잘 배울 수 있다. 아브람이 기근을 피해 애굽에 내려갔다가 가나안으로 돌아온 뒤였다. 아브람과 롯의 소유가 많아 동거할 수 없는지라 두 목자들 사이에 목초지 문제로 다툼이 일어났다. 이때 아브람은 조카 롯에게 먼저 목초지 선택권을 양보하고 서로의 화평을 구하였다. 그 땅에는 하나님을 알지 못하는 가나안 사람들이 살고 있었기 때문이었다.(창13:8~9) **"이같이 너희 빛이 사람 앞에 비치게 하여 그들로 너희 착한 행실을 보고 하늘에 계신 너희 아버지께 영광을 돌리게 하라."** (마5:16) **"할 수 있거든 너희로서는 모든 사람들과 더불어 화목하라."**(롬12:18) 아브람의 이러한 화평을 이루고자 하는 삶은 그가 누린 하나님과의 화평의 자연스러운 열매였다.

하나님과의 화평한 관계를 힘써 지키자. 우리가 누리는 하나님과의 화평한 관계는 보배로운 하나님의 아들의 피의 댓가가 치러진 하나님의 선물임을 잊지 말자. 또한 하나님과의 화평이 사람과의 화평의 뿌리요, 우리의 복된 삶의 출발점임을 기억하자.(마5:23~24) 아사 왕이 선지자를 옥에 가두고 백성 중 몇 사람을 학대한 이유는 그의 삶에 하나님과의 화평이 깨어짐으로 사람과의 화평도 깨어졌기 때문이다. 가인도 하나님과의 화평이 깨어졌기 때문에 동생 아벨을 죽이는 살인자가 되고 말았다. **"모든 사람과 더불어 화평함과 거룩함을 따르라 이것이 없이는 아무도 주를 보지 못하리라."**(히12:14) **"너희가 부르심을 받은 일에 합당하게 행하여 모든 겸손과 온유로 하고 오래 참음으로 사랑 가운데서 서로 용납하고 평안의 매는 줄로 성령이 하나 되게 하신 것을 힘써 지키라."**(엡4:2~3)

잠17:14에 **"다투는 시작은 둑에서 물이 새는 것 같은즉 싸움이 일어나기 전에 시비를 그칠 것이니라"**는 말씀이 나온다. 완고한 마음은 하나님과의 화평의 관계를 깨뜨리는 둑의 구멍과도 같다. 하지만 겸손한 마음은 이러한 둑의 구멍을 미리 막아 준다. 겸손한 마음은 우리의 불순종을 책망하시는 하나님의 음성에도 일체의 변명이나 시비 없이 즉각 돌이키게 하기 때문이다. 하나님은 하나님과 원수 된 세상이 그와 화목하도록 하는 화목의 사도로 우리를 부르셨다. 하나님과의 화평의 관계를 늘 힘써 지켜, 죄로 인해 하나님과 불화한 불쌍한 영혼들의 구원을 위해 눈물로 하나님께 의논의 무릎을 꿇자. 그리하여 하나님이 맡기신 화목의 사도로서의 영광스러운 사명을 감당하도록 결단하자. **"그가 그리스도로**

말미암아 우리를 자기와 화목하게 하시고 또 우리에게 화목하게 하는 직분을 주셨으니 곧 하나님께서 그리스도 안에 계시사 세상을 자기와 화목하게 하시며 그들의 죄를 그들에게 돌리지 아니하시고 화목하게 하는 말씀을 우리에게 부탁하셨느니라 그러므로 우리가 그리스도를 대신하여 사신이 되어 하나님이 우리를 통하여 너희를 권면하시는 것 같이 그리스도를 대신하여 간청하노니 너희는 하나님과 화목하라."(고후5:18~20)

13

불신자의 말

“요시야가 몸을 돌이켜 떠나기를 싫어하고 오히려 변장하고 그와 싸우고자 하여 하나님의 입에서 나온 느고의 말을 듣지 아니하고 므깃도 골짜기에 이르러 싸울 때에 활 쏘는 자가 요시야 왕을 쏜지라.”(대하35:22~23)

하나님은 만물을 사랑하시고 만물을 통해 우리에게 말씀하신다. **“까마귀 새끼가 하나님을 향하여 부르짖으며 먹을 것이 없어서 허우적거릴 때에 그것을 위하여 먹이를 마련하는 이가 누구냐.”**(욥38:41) 그의 영혼이 하나님의 사랑으로 깨어 있는 사람은 만물을 통해 말씀하시는 하나님의 음성을 들을 수 있다. **“너희 용들과 바다여 땅에서 여호와를 찬양하라 불과 우박과 눈과 안개와 그의 말씀을 따르는 광풍이며 …… 여호와의 이름을 찬양할지어다 그의 이름이 홀로 높으시며 그의 영광이 땅과 하늘 위에 뛰어나심이로다.”**(시148:7~13)

요시야는 나이 팔세에 왕이 되었다. 그는 삼십이 년 동안 온전한 믿음으로 유다를 다스린 하나님을 경외한 왕이었다. 그는 산당들과 바알의 제단들을 헐고, 각종 우상들을 제거하고, 하나님의 전을 수리하였다. 백성들과 함께 여호와 앞에서 오직 하나님을 경외하며, 그 계명과 율례를 순종하기로 언약을 맺은 뒤 유월절을 성대하게 지켰다. 이 모든 일 후에, 애굽의 바로 왕이 유브라데 강가의 갈그미스를 치러 올라와 그에게 이렇게 말했다. **"내가 오늘 그대를 치려는 것이 아니요 나와 더불어 싸우는 족속을 치려는 것이라 하나님이 나에게 명령하사 속히 하라 하셨은즉 하나님이 나와 함께 계시니 그대는 하나님을 거스르지 말라."**(대하35:21) 하나님은 바로의 입을 통해 자신의 말씀을 전하셨지만, 요시야는 그 말을 듣지 않았다. 그는 오히려 변장하여 느고와 싸우다가 화살에 맞아 중상을 입어 죽음을 맞고 만다.

기드온의 사건도 그 예의 하나이다. 기드온은 하나님의 부르심을 받았으나 해변의 모래알 같은 많은 미디안 대군과의 전쟁에 주저하고 있었다. 이때 하나님은 기드온에게 그의 종 부라와 함께 미디안 진영으로 내려가 보라고 말씀하셨다. 미디안 진영에 가까이 갔을 때 기드온은 미디안 군사 하나가 그의 동료에게 해몽하는 말을 듣게 된다. 기드온은 이 말을 듣고 하나님의 약속을 확신하며, 횃불을 감춘 빈 항아리와 나팔을 든 삼백 명의 군사를 이끌고 미디안과의 전쟁에서 대승을 거두게 된다. 하나님은 이처럼 기드온에게 적군의 말을 통해 말씀하시고, 그가 순종하여 전쟁에서 큰 승리를 거두게 하셨다.

하나님은 때때로 우리에게 하나님을 경외하지 않는 세상 사람들의 입을 통해서도 말씀하신다. 나귀를 통해 발람을 꾸짖듯 동물을 통해서도 말씀하시고(민22:28) 눈이나 우박을 통해서도 말씀하신다.(욥38:22~23) 거리에 나뒹구는 돌덩이 하나를 통해서도 자기 백성을 도우시는 은혜의 하나님이심을 우리에게 말씀하신다.(창28:18, 수4:20~22) **"사무엘이 돌을 취하여 미스바와 센 사이에 세워 이르되 여호와께서 여기까지 우리를 도우셨다 하고 그 이름을 에벤에셀이라 하니라."**(삼상7:12) 모든 일에 하나님의 주권을 인정하며 우리의 마음의 눈과 귀를 만물을 통해 일하시는 하나님께로 열어두자. 만물을 통해 의논하시는 하나님의 음성을 듣고 그 뜻에 순종하기로 하자. **"그는 구름에 습기를 실으시고 그의 번개로 구름을 흩어지게 하시느니라 그는 감싸고 도시며 그들의 할 일을 조종하시느니라 그는 땅과 육지 표면에 있는 모든 자들에게 명령하시느니라 혹은 징계를 위하여 혹은 땅을 위하여 혹은 긍휼을 위하여 그가 이런 일을 생기게 하시느니라."**(욥37:11~13) **"여호와께서 그 물고기에게 말씀하시매 요나를 육지에 토하니라."**(욘2:10)

14

욥의 하나님

"람 종족 부스 사람 바라겔의 아들 엘리후가 화를 냄은 욥이 하나님보다 자기를 의롭다함이요 또 세 친구에게 화를 냄은 그들이 능히 대답하지 못하면서도 욥을 정죄함이라."(욥32:2~3)

이 세상에는 두 종류의 사람이 있다. 자신이 죄인인 줄 알면서 의인인 사람과, 자신이 의인인 줄 알면서 죄인인 사람이 그것이다. 이 세상 모든 사람은 하나님 앞에서 죄인이며, 오직 예수 그리스도의 대속의 은혜를 믿는 사람만이 하나님 앞에서 의인으로 인정받을 수 있다.(롬3:23~24) 하지만 하나님 앞에서 소망 없는 죄인이라는 사실을 안다 할지라도, 그것을 얼마나 깊이 깨달아 아느냐에 따라 다른 사람을 향한 우리의 태도는 달라질 것이다. 교회 역사 가운데 큰 믿음의 족적을 남긴 사람들은 하나님과 사람 앞에서 자신이야말로 철저한 죄인 중에 괴수라는 의식을 가졌다. 성경의 믿음의 사람들뿐만 아니라 어거스틴이 그러하였고, 미국의 1, 2차 영적 대각성 운동에 쓰임 받은 요나단 에드워즈가 그러하였다. **"수많은 재앙이 나를 둘러싸고 나의 죄악이 나를 덮치므로 우러러볼 수도 없으며 죄가 나의 머리털보다 많으므로 내가 낙심하였**

나이다.”(시40:12)

우스 땅에 살고 있던 욥은 온전하고 정직하여 악에서 떠나 하나님을 경외한 사람이었다. 그에게는 아들 일곱과 딸 셋이 있었고, 그의 소유물은 양이 칠천 마리요, 낙타가 삼천 마리요, 소가 오백 겨리요, 암나귀가 오백 마리이며, 종도 많이 있어 동방 사람 중에 가장 훌륭한 사람이었다. 하루는 한 종이 욥에게 달려와서는, 그의 자녀들이 맏아들의 집에서 음식을 먹으며 포도주를 마실 때 스바 사람에게 그의 소와 나귀를 모두 빼앗기고, 많은 종들이 죽임을 당하였다고 전하였다. 잠시 뒤 또 한 종이 그에게 와서 말하기를, 하나님의 불이 하늘에서 떨어져 그의 양과 종들을 살라버렸다고 말하였다. 이 종의 말이 채 끝나기도 전에 또 한 종이 급히 그에게 달려와 이르기를, 갈대아 사람이 세 무리를 지어 갑자기 그의 낙타 떼에게 달려들어 그것을 빼앗고 그의 종들을 죽였다고 말하였다. 그 종이 아직 말하는 동안 또 다른 종이 그에게 와서 말하였다. **“거친 들에서 큰 바람이 와서 집 네 모퉁이를 치매 그 청년들 위에 무너지므로 그들이 죽었나이다 나만 홀로 피하였으므로 주인께 아뢰러 왔나이다.”**(욥1:19) 욥은 이처럼 연이은 참담한 소식에도 땅에 엎드려 하나님을 예배하였다. **“내가 모태에서 알몸으로 나왔사온즉 또한 알몸으로 그리로 돌아가올지라 주신 이도 여호와이시요 거두신 이도 여호와이시니 여호와의 이름이 찬송을 받으실지니이다.”**(욥1:21) 욥은 그의 입술로 하나님께 범죄하지 아니하였다.

이 일이 있은 뒤, 어느 날 욥은 또다시 사탄의 시험으로 그의 발바닥에서 정수리까지 심한 종기가 났다. 욥은 재 가운데 앉아서 질그릇 조각으로 자기의 몸을 긁고 있었다. 그때 욥의 세 친구들이 이 소식을 듣고 그에게 찾아왔다. 그들은 욥의 곤경을 보고는 소리 질러 울고, 하늘을 향하여 띠끌을 날리며 그것을 자기 머리에 뿌렸다. 그들은 욥과 함께 칠 일 동안 땅에 앉아 있었으나 그의 곤경이 매우 심하여 그에게 아무 말도 하지 못하였다. 그 뒤에 욥은 자신의 생일을 저주하며 은근히 하나님을 불평하는 말을 내뱉었다. **"어찌하여 내가 태에서 죽어 나오지 아니하였던가 어찌하여 내 어머니가 해산할 때에 내가 숨지지 아니하였던가."**(욥 3:11) 이때 욥의 세 친구들은 욥을 위로하기는커녕 그를 책망하며 그의 마음을 더욱 상하게 하였다. 엘리후가 한참 욥과 그의 세 친구들의 대화를 듣고 있다가, 하나님보다 자기를 의롭다고 여기는 욥과 그를 정죄하는 그의 세 친구들을 함께 책망하였다.(욥32:1~3) 이 일이 있은 뒤, 하나님은 직접 욥에게 나타나 자신의 지혜와 영광을 말씀하시며 욥을 책망하셨다. 욥은 그제서야 그동안 쏟아 놓은 그의 모든 말을 하나님 앞에서 거두어들이고 티끌과 재 가운데서 회개하였다. **"내가 주께 대하여 귀로 듣기만 하였사오나 이제는 눈으로 주를 뵈옵나이다 그러므로 내가 스스로 거두어들이고 티끌과 재 가운데에서 회개하나이다."**(욥42:5~6) 하나님은 욥의 세 친구들에게 수소 일곱과 숫양 일곱을 가지고 욥에게 가서 그들을 위해 번제를 드리라고 말씀하셨다. 그리고 욥이 그의 친구들을 위하여 기도할 때, 하나님은 그의 모든 곤경을 돌이켜 주셨다. 그에게 이전의 모든 소유보다 갑절을 주시고, 딸 셋과 아들 일곱을 주셨다. 그 뒤, 하나님은 욥이 백사십 년을 살며 아들과 손자 사대를 보고 살도록 장수의 복을 주셨다.(욥42:10~17)

우리는 욥기를 통해 무슨 교훈을 배워야 할까? 그것은 다름 아닌, 우리는 하나님과 모든 사람 앞에 **"내가 죄인 중에 괴수니라"**(딤전1:15)는 마음을 가져야 한다는 것이다. 이 마음을 소유할 때, 우리는 어떤 사람도 정죄하지 아니하고 오히려 그들을 위해 기도의 무릎을 꿇을 수 있을 것이다.(삼하24:17) 다른 사람을 정죄하고 판단하는 자는 스스로 재판장이신 하나님의 보좌에 앉은 자요, 율법의 준행자가 아닌 입법자의 자리를 탈취한 자이기 때문이다.(약4:11~12) 만일 욥이 진즉 이 진리의 은혜 안에 거하였더라면, 비록 극심한 고통 중에 있을지라도 그는 잠잠히 하나님의 선하신 그늘 아래에 머물러 있었을 것이다. 자신을 정죄하는 친구들의 모든 가시 같은 말들을 하나님께 들고 나아가 그에게 하소연하였을 것이다. **"나는 사랑하나 그들은 도리어 나를 대적하니 나는 기도할 뿐이라."**(시109:4) 욥의 친구들 역시 욥을 정죄하기는커녕, 진심으로 그의 고난에 함께 하며 그의 회복을 위해 하나님께 눈물의 간구를 드렸을 것이다.

사도 바울은 다메섹 도상에서 부활하신 예수님을 만난 이후 수많은 고난을 겪으면서 복음을 전하였다. 바울은 이 모든 고난조차 그에게 베푸신 하나님의 은혜라고 고백하였다.(고전15:10) 바울은 이전에 핍박자였던 자신을 복음의 일꾼으로 부르신 하나님의 은혜를 이렇게 고백하였다. **"모든 성도 중에 지극히 작은 자보다 더 작은 나에게 이 은혜를 주신 것은 측량할 수 없는 그리스도의 풍성을 이방인에게 전하게 하시고 영원부터 만물을 창조하신 하나님 속에 감추어졌던 비밀의 경륜이 어떠한 것을 드러내게 하려 하심이라."**(엡3:8~9) 바울의 이러한 겸비의 고백은 어디에서 기인할 것일까? 그것은, 바울이 여전히 그의 마음 안에 내재한 죄의 법에 종노릇

하는 자신의 죄성을 깊이 깨닫고, 그리스도의 속량으로 값없이 구원을 주신 하나님의 크신 은혜를 깨달았기 때문일 것이다.(롬7:22~25) **"오호라 나는 곤고한 사람이로다 이 사망의 몸에서 누가 나를 건져내랴 우리 주 예수 그리스도로 말미암아 하나님께 감사하리로다 그런즉 내 자신이 마음으로는 하나님의 법을 육신으로는 죄의 법을 섬기노라."**(롬7:24~25) 바울처럼 참으로 구원의 은혜를 깊이 깨달은 사람은 모든 사람 앞에 이렇게 고백할 수밖에 없을 것이다. **"미쁘다 모든 사람이 받을 만한 이 말이여 그리스도 예수께서 죄인을 구원하시려고 세상에 임하셨다 하였도다 죄인 중에 내가 괴수니라."**(딤전1:15) 또한 모든 사람을 나보다 낫게 여기며 기꺼이 그들을 섬기고자 하는 하나님의 크신 은혜 안에서 살아가게 될 것이다.(빌2:3)

하나님은 자신을 의롭다 여기며 다른 사람을 정죄하는 사람을 이렇게 싫어하신다. **"그들이 무덤 사이에 앉으며 은밀한 처소에서 밤을 지내며 돼지고기를 먹으며 가증한 것들의 국을 그릇에 담으면서 사람에게 이르기를 너는 네 자리에 서 있고 내게 가까이 하지 말라 나는 너보다 거룩함이라 하나니 이런 자들은 내 코의 연기요 종일 타는 불이로다."**(사65:4~5). 예수님도 자신을 의롭다 여기는 바리새인을 향해 동일한 말씀을 하셨다. **"내가 너희에게 이르노니 이에 저 바리새인이 아니고 이 사람(세리)이 의롭다 하심을 받고 그의 집으로 내려갔느니라 무릇 자기를 높이는 자는 낮아지고 자기를 낮추는 자는 높아지리라."**(눅18:14)

우리는 모두 하나님 앞에서 아담 같이 벌거벗은 죄인들이다.(창3:10) 도저히 우리 스스로는 갚을 수 없는 일만 달란트의 죄의 빚을 하나님의 은혜로 탕감 받은 자들이다.(마18:21~35) 그러므로 우리 자신의 죄의 수치를 가리려는 교만의 무화과 나뭇잎을 하나님 앞에 내려놓자. 다른 사람의 벌거벗음을 향한 정죄의 입술을 닫아걸고, 일곱 번을 일흔 번까지라도 용서와 긍휼의 옷으로 그들의 허물을 덮어 주자. 우리 모두는 하나님 앞에서 백 데나리온 빚진 자를 용서할 수밖에 없는 죄인이 아니라, 용서할 수 있는 자격조차 없는 죄인 중에 괴수라는 사실을 잊지 말자. **"긍휼을 행하지 아니하는 자에게는 긍휼 없는 심판이 있으리라 긍휼은 심판을 이기고 자랑하느니라."**(약2:13) 그리할 때에야, 우리는 벌거벗은 아버지의 수치를 보지 않고, 그들의 어깨에 메고 간 옷으로 노아의 하체를 덮어 준 셈과 야벳의 복을 누리게 될 것이다.(창9:23)

자신을 하나님보다 더 의롭게 여기며 하나님께 불평하는 자는 하나님의 은혜를 누릴 수 없음을 기억하자.(마7:1~5) 또한 자신을 다른 사람보다 더 의롭게 여기며 남을 정죄하는 자는 모든 일을 하나님과 의논하는 하나님과의 친밀한 교제의 삶을 결코 누릴 수 없음을 기억하자.(엡4:31~32) 욥의 하나님이 다윗과 이사야의 하나님이 되시기 때문이다. **"나는 범죄하였고 악을 행하였거니와 이 양 무리는 무엇을 행하였나이까 청하건대 주의 손으로 나와 내 아버지의 집을 치소서."**(삼하24:17) "화로다 나여 망하게 되었도다 나는 입술이 부정한 사람이요 나는 입술이 부정한 백성 중에 거주하면서 만군의 여호와이신 하나님을 뵈었음이로다."(사6:5)

성령님! 제가 바로 티끌 중에, 티끌 중에, 티끌 중에 티끌 같은 죄인입니다. 그런 소망 없는 저에게 하늘 위에 계신 영광의 성령님이 함께 하시다니요! 이 황송한 감격으로 남은 영혼의 때를 살게 하소서! 십자가 영광의 길, 기쁨의 눈물로 걸어가게 하소서!

15

순적한 환경

"그러나 요나가 여호와의 얼굴을 피하려고 일어나 다시스로 도망하려 하여 욥바로 내려갔더니 마침 다시스로 가는 배를 만난지라 여호와의 얼굴을 피하여 그들과 함께 다시스로 가려고 배삯을 주고 배에 올랐더라."(욘1:3)

우리가 때때로 하나님의 얼굴을 피하여 곁길로 나아갈 때, 요나가 순적히 다시스로 가는 배를 만났듯이 우리에게도 순적한 환경이 열릴 수도 있다. 하지만 그러한 형통은 잠시뿐, 결국에는 큰 풍랑을 만나게 된다. **"어떤 길은 사람이 보기에 바르나 필경은 사망의 길이니라."**(잠16:25)

바울의 경우도 그러하였다. 바울이 죄수의 몸으로 로마로 호송되어 갈 때, 그는 알렉산드리아 배를 타고 항해에 나섰다. 바울이 탄 배가 미항이라는 곳에 이르렀을 때였다. 그는 백부장에게 **"내가 보니 이번 항해가 배와 하물만 아니라 생명에도 타격과 많은 손해를 끼치리라"**(행27:10)며 그곳에 머물기를 권하였다. 하지만 백부장은 바울의 말보다 선장과 선주의 말을 더 믿고는 무리하게 항해를 계속하였다. 처음에는 남풍이 순하게 불어, 그들은 뜻을 이룬 줄 알고 닻을 감아 그레데 해변을 끼고 항해

하였다. 하지만 그 형통함은 잠시뿐이었다. 얼마 가지 않아 섬 가운데로부터 유라굴로라는 광풍이 크게 일어나, 그들은 많은 고난을 겪은 뒤 구사일생으로 멜리데라는 작은 섬에 상륙하게 된다.

요나가 다시스로 가는 배를 순적히 만났을 때, 그 배에 오르기 직전에라도 회개하며 하나님의 뜻을 물었다면 얼마나 좋았을까? 백부장이 많은 항해의 경험이 있는 선장과 선주의 말이 아무리 합당하게 여겨질지라도, 바울 사도의 권면을 듣고 천지를 주관하시는 하나님의 음성에 순종했다면 그들의 항해가 얼마나 안전하였을까? 우리는 순적한 환경이나 우리의 경험, 그리고 사람의 말에 순응하기보다, 먼저 모든 일에 하나님의 뜻을 묻고 그 뜻에 순종해야 한다. 순적한 환경은 고난 중에도 오직 믿음으로 하나님의 말씀을 순종하는 자의 몫이기 때문이다.

다니엘의 세 친구 사드락과 메삭, 아벳느고를 보자. 그들은 환난 중에도 하나님을 의지하여 하나님의 영광을 드러낸 믿음의 사람들이었다. 그들은 느부갓네살 왕이 두라 평지에 세운 금 신상에 엎드려 절하지 않았다. 이 일로 그들은 갈대아 사람들의 참소를 당하여 그들의 겉옷과 속옷, 모자와 다른 옷을 입고 결박된 채 맹렬히 타는 풀무불 가운데 던져졌다. 그 풀무불이 얼마나 뜨거웠던지 이 세 사람을 붙든 갈대아 사람들을 태워 죽일 정도였다. 하지만 잠시 후 왕이 보니 결박되지 아니한 네 사람이 불 가운데로 다니는데, 그들의 몸이 상하지도 아니하였고, 그 넷째의 모양은 신들의 아들과 같았다. 그들의 머리털도 그을리지 아니하고, 겉옷 빛도 변하지 아니하고, 불 탄 냄새조차 없었다. 이에 바벨론 왕은 사드락과 메삭과 아벳느고의 하나님을 찬송하며, 그들에게 바벨론 지방에서 더욱 높은 관직을 허락하였다. 온 제국에 조서를 내려 하나님께 경솔히 말하는 자는 그의 몸을 쪼개고 그 집을 거름터로 삼을 것을 명령하였다.(단3:23~30)

하나님은 환난 중에도 순종하는 사람들을 통해 자신의 영광을 나타내기를 기뻐하신다. 또한 하나님은 환난을 통해 우리를 묶고 있는 영적 결박을 풀어주시고, 풀무 불 가운데서도 우리와 함께 하시는 하나님을 체험하게 하신다. 순적한 환경을 통해서는 결코 누릴 수 없는 하나님의 크신 은혜와 능력을 체험하게 하신다. 우리 모두 순적한 환경으로 인한 요나의 불순종이 아닌, 다니엘의 세 친구처럼 환난 중에도 순종하여 하나님께 영광을 돌리자. 하나님은 그를 전심으로 의지하며 경외하는 자를 결코 외면하지 않으신다. **"여호와는 말의 힘이 세다 하여 기뻐하지 아니하시며 사람의 다리가 억세다 하여 기뻐하지 아니하시고 여호와는 자기를 경외하는 자들과 그의 인자하심을 바라는 자들을 기뻐하시는도다."**(시147:10~11) **"여호와의 눈은 온 땅을 두루 감찰하사 전심으로 자기를 향하는 자들을 위하여 능력을 베푸시나니."**(대하16:9) 나아가 우리의 불순종의 길 앞에 순적한 환경이 주어질 때, 이는 우리를 향하신 하나님의 마지막 경계의 의논임을 깨닫고 즉시 순종의 걸음으로 돌이키자.

16

환난을 통해 의논하시는 하나님

"그가 돼지 먹는 쥐엄 열매로 배를 채우고자 하되 주는 자가 없는지라 이에 스스로 돌이켜 이르되 내 아버지에게는 양식이 풍꾼이 얼마나 많은가 나는 여기서 주려 죽는구나."(눅15:16~17)

어떤 사람에게 두 아들이 있었다. 하루는 둘째 아들이 그의 아버지에게 **"아버지여 재산 중에서 내게 돌아올 분깃을 내게 주소서"**(눅15:12)라고 해서, 아버지는 그 살림을 두 아들에게 각각 나눠 주었다. 그 뒤 며칠이 안 되어 둘째 아들은 아버지께로부터 받은 재물을 다 모아 가지고 먼 나라에 가서 거기서 허랑방탕하며 그 재산을 모두 탕진하였다. 마침 그 나라에 크게 흉년이 들자, 그는 궁핍하여 그 나라 백성 중 한 사람에게 붙혀 살게 된다. 주인은 그를 들로 보내어 돼지를 치게 하였다. 그는 돼지가 먹는 쥐엄 열매로도 배를 채우고자 하나 그것도 주는 자가 없어, 마침내 그는 비참한 상황에 빠지게 되었다. **"그가 그 사랑하는 자를 따라 갈지라도 미치지 못하며 그들을 찾을지라도 만나지 못할 것이라 그제야 그가 이르기를 내가 본 남편에게로 돌아가리니 그때의 내 형편이 지금보다 나았음이라 하리라."**(호2:7)

그제서야 그는 스스로 이렇게 말했다. **"내 아버지에게는 양식이 풍족한 품꾼이 얼마나 많은가 나는 여기서 주려 죽는구나 내가 일어나 아버지께 가서 이르기를 아버지 내가 하늘과 아버지께 죄를 지었사오니 지금부터는 아들이라 일컬음을 감당하지 못하겠나이다 나를 품꾼의 하나로 보소서 하리라."**(눅15:18~19) 그는 일어나 아버지께로 돌아가려고 길을 나섰다. 아직도 거리가 먼데, 아버지는 아들을 측은히 여겨 달려가 그의 목을 안고 입을 맞추었다. 종들에게 명하여 그에게 가장 좋은 옷을 내어다가 입히고, 손에 가락지를 끼우고, 발에 신을 신기라고 명하였다. 그리고 돌아온 아들을 위해 살진 송아지를 끌어다가 잡고 잔치를 베풀어 크게 기뻐하였다.

우리가 익히 알고 있는 이 탕자의 비유에서, 우리는 하나님의 품을 떠나 죄로 고통하는 죄인을 향하신 아버지 하나님의 지극한 사랑을 두고두고 깨달을 수 있다. 또한 하나님의 품을 떠난 우리의 삶은 결국에는 환난뿐이라는 사실을 깨달을 수 있다. 하지만 하나님은 우리가 그 환난을 통해 겸손히 그의 품으로 돌아오기만 하면 우리의 모든 죄를 값없이 용서하시고, 우리에게 영생의 잔치를 베풀어 주시는 사랑의 하나님이심을 가르치고 계신다. **"우리가 불과 물을 통과하였더니 주께서 우리를 끌어 내사 풍부한 곳에 들이셨나이다."**(시67:12)

환난은 우리를 하나님께로 돌이키는 사자 같으신 하나님의 포효(咆哮)이다. **"그들은 사자처럼 소리를 내시는 여호와를 따를 것이라 여호와께서 소리를 내시면 자손들이 서쪽에서 떨며 오되."**(호11:10) **"그들이 그 죄를 뉘우치고 내 얼굴을 구하기까지 내가 내 곳으로 돌아가리라 그들이 고난 받을 때에 나**

를 간절히 구하리라 오라 우리가 여호와께로 돌아가자 여호와께서 우리를 찢으셨으나 도로 낫게 하실 것이요 우리를 치셨으나 싸매어 주실 것임이라."(호5:15~6:1) 만일 둘째 아들이 먼 지방으로 가서 재산을 탕진한 뒤, 그곳에 흉년이 찾아와 그가 크게 궁핍했을 그때라도 '이제 돌아가자' 하고 하나님의 품을 향해 돌이켰더라면 그의 삶은 얼마나 복이 되었겠는가? **"사람이 흑암과 사망의 그늘에 앉으며 곤고와 쇠사슬에 매임은 하나님의 말씀을 거역하며 지존자의 뜻을 멸시함이라 그러므로 그가 고통을 주어 그들의 마음을 겸손하게 하셨으니 그들이 엎드러져도 돕는 자가 없었도다 이에 그들이 그 환난 중에 여호와께 부르짖으매 그들의 고통에서 구원하시되 흑암과 사망의 그늘에서 인도하여 내시고 그들의 얽어 맨 줄을 끊으셨도다."**(시107:10~14)

유다의 므낫세 왕을 살펴보자. 므낫세 왕은 그의 아버지 히스기야와는 달리 많은 악을 저질렀다. 힌놈의 골짜기에서 그의 아들들을 불 가운데로 지나가게 하고, 또 요술을 행하며, 신접한 자와 박수를 신임하여 하나님 보시기에 많은 악을 행하였다. 그는 이 일 외에도 무죄한 자의 피를 심히 많이 흘려 예루살렘 이 끝에서 저 끝까지 가득하게 하였다. 하나님은 결국 그를 앗수르 군대 지휘관들에게 쇠사슬로 결박당하여 바벨론에 포로로 끌려가게 하셨다. 이러한 환난을 당할 때에야 므낫세는 하나님께 크게 겸손하여 기도하였다. 하나님은 므낫세의 간구를 들으시고, 그가 예루살렘으로 돌아와 다시 왕위에 앉게 하셨다.(대하33:11~13) **"내가 넘치는 진노로 내 얼굴을 네게서 잠시 가렸으나 영원한 자비로 너를 긍휼히 여기리라 네 구속자 여호와께서 말씀하셨느니라."**(사54:8)

열두 해 동안 혈루증으로 고생하던 여인도 그러하였다. 그녀는 그의 재산이 있을 때에는 유명한 의사들을 찾아갔다. 하지만 여인은 많은 의사들에게 많은 괴로움을 당하고, 가진 것도 다 허비하고, 아무 효험이 없이 오히려 병세는 중하여졌다. 여인은 그제서야 소문으로 듣던 예수님에게로 나아왔다. 환난을 통해 그의 마음이 낮아졌기 때문이다. **"내가 그의 옷에 손만 대어도 구원을 받으리라."**(막5:28) 여인은 간절한 믿음으로 그의 손을 내밀어 예수님의 옷에 손을 대었다. 그때, 즉시 혈루 근원이 마르고 그녀는 병에서 치유함을 받을 수 있었다(막5:34) **"내가 고난당하기 전에는 내가 그릇 행하였더니 이제는 주의 말씀을 지키나이다."**(시119:67)

이사야와 호세아 선지자는 환난을 통해 우리를 돌이키시는 하나님의 사랑을 각각 이렇게 말하고 있다. **"주께서 그 백성을 치셨던들 그 백성을 친 자들을 치심과 같았겠으며 백성이 죽임을 당하였던들 백성을 죽인 자가 죽임을 당함과 같았겠느냐 주께서 백성을 적당하게 견책하사 쫓아내실 때에 동풍 부는 날에 폭풍으로 그들을 옮기셨느니라."**(사27:7~8) **"그러므로 보라 내가 그를 타일러 거친 들로 데리고 가서 말로 위로하고 거기서 비로소 그의 포도원을 그에게 주고 아골 골짜기로 소망의 문을 삼아 주리니 그가 거기서 응대하기를 어렸을 때와 애굽 땅에서 올라오던 날과 같이 하리라."**(호2:14~15)

하나님이 인생으로 고생하게 하시며 근심하게 하심은 본심이 아니시다.(애3:33) **"보옵소서 내게 큰 고통을 더하신 것은 내게 평안을 주려 하심이라 주께서 내 영혼을 사랑하사 멸망의 구덩이에서 건지셨고 내 모든 죄를 주의 등 뒤에 던지셨나이다."**(사38:17) 환난은 우리를 영원한 소망의 문으로 인도하시기 위해 우리를 타이르시고 우리와 의논하시는 하나님이 예비해 놓으신 '거친 들'일 뿐이다. 하나님은 아비멜렉과 세겜 백성들이 기드온을 통해 베푸신 그의 은혜를 잊고 거역하자, 기드온의 아들 요담을 보내어 그리심 산에서 그들의 죄를 책망하셨다. 요담은 불순종하는 그들을 돌이키기 위해 하나님이 그들에게 보내신 마지막 사랑의 선물이었다. 그리심 산은 하나님의 축복을 선언하는 장소였기 때문이다. **"너희가 요단을 건넌 후에 시므온과 레위와 유다와 잇사갈과 요셉과 베냐민은 백성을 축복하기 위하여 그리심 산에 서고."**(신27:12)

우리는 환난 중에도 자기 아들을 우리를 위해 내주신 하나님의 변함없는 사랑 안에 있음을 잊지 않아야 한다. **"누가 우리를 그리스도의 사랑에서 끊으리요 환난이나 곤고나 박해나 기근이나 적신이나 위험이나 칼이랴 기록된 바 우리가 종일 주를 위하여 죽임을 당하게 되며 도살당할 양 같이 여김을 받았나이다 함과 같으니라 그러나 이 모든 일에 우리를 사랑하시는 이로 말미암아 우리가 넉넉히 이기느니라."**(롬8:35~37) 그리고 잠시 지나는 그 거친 들 너머에 영생의 젖과 꿀이 흐르는 소망의 땅이 기다리고 있음을 잊지 않아야 한다. **"다만 이뿐 아니라 우리가 환난 중에도 즐거워하나니 이는 환난은 인내를, 인내는 연단을, 연단은 소망을 이루는 줄 앎이로다."**(롬5:3~4) **"네 조상들도 알지 못하던 만나를 광야에서 먹이셨나니 이는 다 너를 낮추시며 너를 시험하사 마침내 네게 복을 주려 하심이었느니라."**(신8:16)

하나님은 오늘날에도 우리를 '애굽의 삶'에서 '가나안의 삶'으로, '이 땅의 삶'에서 '하늘 영광의 삶'으로 인도하시기 위해 환난을 통해 우리와 의논하신다. 보이는 이 세상은 잠깐이요, 보이지 않는 천국은 영원한 나라이기 때문이다.(고후4:18) 또한 하나님은 지금도 자신을 닮은 거룩한 자녀 된 우리와 영원한 천국에서 영생의 복을 누리기를 소원하고 계신다. **"그러나 우리의 시민권은 하늘에 있는지라 거기로부터 구원하는 자 곧 주 예수 그리스도를 기다리노니 그는 만물을 자기에게 복종하게 하실 수 있는 자의 역사로 우리의 낮은 몸을 자기 영광의 몸의 형체와 같이 변하게 하시리라."**(빌3:20~21) 이 거룩한 소원을 이루시기 위해, 하나님은 오늘도 환난을 통해 우리와 의논하시며 우리를 그에게로 더 가까이 부르고 계신다. 환난 중에서도 그를 순종하는 온전하고 깨끗한 하나님의 참 자녀로 우리를 빚어 가신다. **"그가 나타나시면 우리가 그와 같을 줄을 아는 것은 그의 참 모습 그대로 볼 것이기 때문이니 주를 향하여 이 소망을 가진 자마다 그의 깨끗하심과 같이 자기를 깨끗하게 하느니라."**(요일3:2~3) **"그가 아들이시면서도 받으신 고난으로 순종함을 배워서 온전하게 되셨은즉 자기에게 순종하는 모든 자에게 영원한 구원의 근원이 되시고."**(히5:8~9)

제4부

예수님은?

01

대속의 의논

"다시 두 번째 나아가 기도하여 이르시되 내 아버지여 만일 내가 마시지 않고는 이 잔이 내게서 지나갈 수 없거든 아버지의 원대로 되기를 원하나이다."(마26:42)

전15:22에는 "의논이 없으면 경영이 무너지고 지략이 많으면 경영이 성립하느니라"는 말씀이 나온다. 중요한 과업도 여러 사람이 함께 의논하여 지략을 얻으면 그것을 쉽게 성취할 수 있다는 말씀이다. 의논은 이처럼 우리 삶의 중요한 한 방편이다.

성경에는 인류의 영원한 운명을 바꾼 위대한 한 의논의 사건이 나온다. 성부 하나님과 성자 예수님간의 의논이 그것이다. 예수님은 무교절 첫날에 제자들과 함께 유월절 만찬을 가지시면서 자신의 죽음과 가룟 유다의 배반을 말씀하셨다. 또한 예수님은 베드로가 닭 울기 전에 세 번 그를 부인할 것도 예언하셨다.

예수님은 제자들과 함께 겟세마네라 하는 곳으로 가셨다. 그들에게 **"내가 저기 가서 기도할 동안에 너희는 여기 앉아 있으라"**(마26:36) 말씀하시고, 베드로와 야고보와 요한을 따로 데리시고 기도할 곳으로 가셨다. 가실 때 세 제자들에게 **"내 마음이 매우 고민하여 죽게 되었으니 너희는 여기 머물러 나와 함께 깨어 있으라"**(마26:38) 하시고, 조금 나아가 얼굴을 땅에 대시고 엎드려 간절히 기도하셨다. **"내 아버지여 만일 할 만하시거든 이 잔을 내게서 지나가게 하옵소서 그러나 나의 원대로 마옵시고 아버지의 원대로 하옵소서."**(마26:39)

예수님이 제자들에게 오시자 그들은 모두 두려움과 슬픔으로 잠들어 있었다. 예수님은 이를 보시고는 **"너희가 나와 함께 한 시간도 이렇게 깨어 있을 수 없더냐 시험에 들지 않게 깨어 기도하라 마음에는 원이로되 육신이 약하도다"**(마26:40~41)고 말씀하셨다. 예수님은 두 번째와 세 번째도 동일하게 기도하고 돌아오셨는데, 그때마다 제자들은 여전히 잠에 빠져 있었다. 예수님은 잠 든 제자들에게 말씀하셨다. **"이제는 자고 쉬라 보라 때가 가까이 왔으니 인자가 죄인의 손에 팔리느니라 일어나라 함께 가자 보라 나를 파는 자가 가까이 왔느니라."**(마26:45~46)

이 말씀이 끝날 즈음이었다. 가룟 유다가 무리들을 데리고 그곳으로 와서 예수님께 입 맞추며, 그를 관원들과 군병들에게 넘겨주었다. 예수님은 그들에게 붙잡혀 심문을 받으시고 결국 십자가에서 죽임을 당하시게 된다. 성부 하나님이 택하신 자기 백성의 구원을 위해, 그들의 죄로 인한 심판을 그의 십자가의 죽음을 통해 해결하시기 위해서였다. **"세상 중에서 내게 주신 사람들에게 내가 아버지의 이름을 나타내었나이다 그들은 아버지의 것이었는데 내게 주셨으며 그들은 아버지의 말씀을 지키었나이다."**(요17:6) 예수님도 온전한 인성을 가지셨기에, 이러한 십자가의 죽음은 참으로 감당하기 어려운 중한 고통이었다. 하지만, 예수님은 성부 하나님이 그에게 지워 주신 이 무거운 십자가의 짐을 지실 때 자신의 원이 아니라 아버지의 원대로 되기를 원하셨다. '아들 하나님의 원'을 내려놓고, '아버지 하나님의 원'대로 순종하여 아버지의 뜻을 이루어드리기 위해 땀이 핏방울이 되도록 기도하셨다. 그리고 예수님은 십자가 위에서 마지막 운명하시기 전에 크게 소리 질러 절규하셨다. **"나의 하나님 나의 하나님 어찌하여 나를 버리셨나이까."**(마27:46) 성부 하나님으로부터 철저히 버림받기까지 우리의 구원을 위해 온전한 대속의 제물이 되어 주신 것이다.

이렇게 죽기까지 순종하심으로, 예수님은 지극히 크신 하나님의 보좌 우편에 앉으셔서 만왕의 왕, 만주의 주로 지금도 온 세상을 통치하고 계신다. **"사람의 모양으로 나타나사 자기를 낮추시고 죽기까지 복종하셨으니 곧 십자가에 죽으심이라 이러므로 하나님이 그를 지극히 높여 모든 이름 위에 뛰어난 이름을 주사 하늘에 있는 자들과 땅에 있는 자들과 땅 아래에 있는 자들로 모든 무릎을 예수의 이름에 꿇게 하시고."**(빌 2:8~10) **"그의 아들에게 입맞추라 그렇지 아니하면 진노하심으로 너희가 길에서 망하리니 그의 진노가 급하심이라 여호와께 피하는 모든 사람은 복이 있도다."**(시2:12)

모든 일에 하나님과 의논하는 삶은 '나의 뜻'이 아닌 '하나님의 뜻'을 이루어드리는 삶이다. 이를 위해 먼저 하나님의 뜻을 묻고 그 뜻에 기꺼이 순종하고자 하는 결단의 삶이다. **"주께서 내 귀를 통하여 내게 들려주시기를 제사와 예물을 기뻐하지 아니하시며 번제와 속죄제를 요구하지 아니하신다 하신지라 그때에 내가 말하기를 내가 왔나이다 나를 가리켜 기록한 것이**

두루마리 책에 있나이다 나의 하나님이여 내가 주의 뜻 행하기를 즐기오니 주의 법이 나의 심중에 있나이다 하였나이다."(시40:6~8) 우리 또한 우리의 삶에서 '나의 뜻'이 아닌 '하나님의 뜻'이 이루어지도록, 예수님이 우리에게 지워 주신 자기의 십자가를 지고 그를 뒤따르자. 그러한 삶을 살아갈 때, 우리 역시 장차 승리하신 예수 그리스도의 보좌에 함께 앉아 온 세상을 심판하는 하나님 자녀의 권세와 영광을 누리게 될 것이다. **"너희는 나의 모든 시험 중에 항상 나와 함께 한 자들인즉 내 아버지께서 나라를 내게 맡기신 것 같이 나도 너희에게 맡겨 너희로 내 나라에 있어 내 상에서 먹고 마시며 또는 보좌에 앉아 이스라엘 열두 지파를 다스리게 하려 하노라."**(눅22:32)

02

영원한 사랑의 대화

"여자가 이르되 주여 그런 물을 내게 주사 목마르지도 않고 또 여기 물 길으러 오지도 않게 하옵소서 이르시되 가서 네 남편을 불러 오라."
(요4:15~16)

성경은 끝없이 반역하는 죄인들을 향하신 하나님의 짝사랑의 편지이다. 범죄한 아담으로부터 오늘에 이르기까지, 하나님은 변함없는 사랑과 구원의 말씀으로 먼저 죄인에게 찾아와 그와 대화하기를 즐거워하신다. **"이스라엘 자손이 다른 신을 섬기고 건포도 과자를 즐길지라도 여호와가 그들을 사랑하나니."**(호3:1) **"오라 우리가 서로 변론하자 너희의 죄가 주홍 같을지라도 눈과 같이 희어질 것이요 진홍 같이 붉을지라도 양털 같이 희게 되리라."**(사1:18)

예수님이 유다를 떠나 다시 갈릴리로 가시는 길이었다. 예수님은 사마리아를 통과하는 길에 수가라 하는 한 동네에 들어가셨다. 피곤하신지라, 음식을 구하러 간 제자들을 기다리며 그곳에 있는 야곱의 우물가에 앉아 잠시 쉬고 계셨다. 마침 그때 사마리아 여자 한 사람이 물을 길으러 우물가로 왔다. 예수님은 그녀에게 물을 좀 달라고 말씀하셨다. 이어 **"네가 만일 하나님의 선물과 또 네게 물 좀 달라 하는 이가 누구인 줄 알았더라면 네가 그에게 구하였을 것이요 그가 생수를 네게 주었으리라"**(요4:10) 고 말씀하셨다. 여자가 이르되 **"물 길을 그릇도 없고 이 우물은 깊은데 어디서 당신이 생수를 얻겠사옵나이까"**(요4:11)라고 대답하자 예수님은 여인에게 대답하셨다. **"이 물을 마시는 자마다 다시 목마르려니와 내가 주는 물을 마시는 자는 영원히 목마르지 아니하리니 내가 주는 물은 그 속에서 영생하도록 솟아나는 샘물이 되리라."**(요4:13~14) 여인은 예수님께 **"주여 그런 물을 내게 주사 목마르지도 않고 또 여기 물 길으러 오지도 않게 하옵소서"**(요4:15) 라고 말하였다. 이때 예수님이 그 여인에게 **"가서 네 남편을 불러 오라"**(요4:16) 말씀하시고, 이어서 '하나님께 예배하는 자들은 영과 진리로 예배할 때'가 오는데 곧 '이때'라고 말씀하시면서, 비로소 그 여인에게 자신이 바로 그 메시야이심을 말씀하셨다. 여인은 이 말을 듣고, 그가 가지고 온 물동이를 버려두고 곧장 동네에 들어가서 자신이 만난 그리스도를 전하였다. 그리고 많은 사마리아 동네 사람들이 여인이 전한 말을 듣고 예수님을 찾아와 믿음을 고백하게 된다.

예수님은 이 세상의 것으로 끝없이 목말라 하는 우리에게 영원한 생수를 선물로 주시는 하나님이시다.(요일5:12) 이를 위해, 먼저 우리를 찾아와 우리를 기다리시고, 우리에게 영생의 말을 걸어오시는 사랑의 하나님이시다. 예수님은 조건 없는 은혜로 우리에게 먼저 영원한 해갈의 생명수를 마시게 하신 다음, 우리가 죄를 버리고 성령과 진리로 하나님을 예배하는 삶을 살게 하신다.(눅19:1~10) **"여자여 너를 고발하던 그들이 어**

디 있느냐 너를 정죄한 자가 없느냐 …… 나도 너를 정죄하지 아니하노니 가서 다시는 죄를 범하지 말라 하시니라."(요8:10~11)

예수님의 이러한 사랑을 받은 사람은 광야 같은 이 세상에서 하나님과 대화하며 의논하는 삶을 그의 최고의 기쁨이요, 영광으로 여기며 살아갈 것이다. 측량할 수 없는 하나님의 구원의 은혜를 받은 사람에게 이러한 삶은 너무나 당연하기 때문이다. **"내가 여호와께 바라는 한 가지 일 그것을 구하리니 곧 내가 내 평생에 여호와의 집에 살면서 아름다움을 바라보며 그의 성전에서 사모하는 그것이라."**(시27:4) **"그가 말할 때에 내 혼이 나갔구나."**(아5:6)

03

죽음과의 대화

"죽은 자가 수족을 베로 동인 채로 나오는데 그 얼굴은 수건에 싸였더라 예수께서 이르시되 풀어 놓아 다니게 하라 하시니라."(요11:44)

베다니에는 예수님이 사랑하시는 마리아와 마르다, 그리고 그들의 오라버니 나사로가 살고 있었다. 마리아는 예수님께 많은 사랑을 받아 예수님의 머리에 향유를 붓고, 그녀의 머리털로 예수님의 발을 씻긴 여인이었다. 그런데 오라버니 나사로가 병 들어 죽을 위험에 놓이자, 마리아와 마르다는 예수님께 사람을 보내어 그의 오라버니를 고쳐 주시기를 구하였다. 하지만 예수님은 **"이 병은 죽을 병이 아니라 하나님의 영광을 위함이요 하나님의 아들이 이로 말미암아 영광을 받게 하려 함이라."**(요11:4)고 하시며, 그가 계시던 곳에 이틀을 더 머무르셨다. 예수님은 나사로가 죽은 뒤에야 그의 제자들과 함께 베다니로 오셨다. 나사로가 무덤에 장사된 지 이미 나흘이나 지난 뒤였다.

마르다는 예수님이 오신다는 소식을 듣고, 곧 예수님께 나아가 **"주께서 여기 계셨더라면 내 오라버니가 죽지 아니하였겠나이다."**(요11:32)라고 말하였다. 예수님은 슬퍼하는 마르다에게 그녀의 오라비가 살아날 것을 말씀하셨다. **"나는 부활이요 생명이니 나를 믿는 자는 죽어도 살겠고 무릇 살아서 나를 믿는 자는 영원히 죽지 아니하리라 이것을 네가 믿느냐."**(요11:25~26) 잠시 뒤 예수님은 그를 맞으러 나온 마리아와, 그녀와 함께 온 유대인들이 우는 것을 보시고 마음에 비통히 여기시며 그들과 함께 나사로의 무덤으로 가셨다. 그리고 그들에게 무덤 앞을 막아 놓은 돌을 옮겨 놓으라 말씀하시고는, 눈을 들어 우러러 보시고 성부 하나님께 간절히 기도하셨다. **"아버지여 내 말을 들으신 것을 감사하나이다 항상 내 말을 들으시는 줄을 내가 알았나이다 그러나 이 말을 하옵는 것은 둘러선 무리를 위함이니 곧 아버지께서 나를 보내신 것을 그들로 믿게 하려 함이니이다."**(요11:41~42) 예수님은 이어 무덤을 향해 큰 소리로 **"나사로야 나오라"**(요11:43) 부르시니, 죽은 자가 수족을 베로 동이고 얼굴은 수건에 싸인 채로 무덤에서 뚜벅뚜벅 걸어 나왔다. 예수님은 그들에게 **"풀어 놓아 다니게 하라"**(요11:44)고 하시며, 죽은 지 나흘이나 되는 나사로를 완전히 무덤에서 살려내셨다.

어느 날, 부활이 없다고 주장하는 사두개인 중 어떤 이들이 와서 예수님을 시험하기 위해 부활에 관한 질문을 하였다. 예수님은 그들에게 **"하나님은 죽은 자의 하나님이 아니요 살아 있는 자의 하나님이시라 하나님에게는 모든 사람이 살았느니라"**(눅20:38)고 대답하셨다. 우리는 이 말씀을 통해 비록 나사로는 죽었지만, 예수님은 죽은 나사로와도 대화하고 계셨음을 알 수 있다. 예수님께는 모든 사람이 살아 있고, 하나님의 나라는 생명의 나라이기 때문이다. **"내가 애곡하는 날에 이 성물을 먹지 아니하였고 부정한 몸으로 이를 떼어 두지 아니하였고 죽은 자를 위하여 이를 쓰지 아**

니하였고 내 하나님 여호와의 말씀을 청종하여 주께서 내게 명령하신 대로 다 행하였사오니."(신26:14) 하나님은 이를 가르치시기 위해 구약 시대의 에녹과 엘리야를 그들이 죽기 전에 하늘로 데려가셨고(창5:24, 왕상2:11), 모세의 무덤을 이스라엘 백성들로부터 숨기셨다.(신34:6) 그리고 예수님은 회당장 야이로의 딸과 나인 성 과부의 죽은 아들을 살리시고(눅7:11, 8:54~55), 베드로와 바울을 통해 욥바의 다비다와 드로아의 유두고를 살리셨다.(행9:40, 20:9~12)

이처럼 하나님께는 모든 사람이 살아 있지만, 우리는 죽은 자들과 교제할 수 없다. **"나는 너희가 귀신과 교제하는 자가 되기를 원하지 아니하노라."**(고전10:20) 하지만 예수님은 이 세상에 계실 때에도 죽은 나사로와 대화하시고, 부활하심으로 마침내 사망과 무덤의 권세를 이기고 승리하셨다. **"내가 그들을 스올의 권세에서 속량하며 사망에서 구속하리니 사망아 네 재앙이 어디 있느냐 스올아 네 멸망이 어디 있느냐 뉘우침이 내 눈 앞에서 숨으리라."**(호13:14) 승리하신 예수님은 그를 믿는 우리의 마음을 그의 성전 삼아 성령으로 영원히 우리와 함께 하신다.(요14:15~18) 또한 지금도 하늘 영광의 보좌에 앉으셔서 만물을 통치하고 계신다.(계3:21)

이 진리를 믿는 우리는 육신의 마지막 관문인 죽음의 순간에도, 예수님과 영생의 대화를 나누며 담대히 천국 문을 향해 나아갈 수 있다.(요14:2~3) 부활의 자녀들에게 무덤이란, 곧 영생의 하늘나라의 현관문이요, 천국 잔칫집의 대문임을 믿기 때문이다. **"자기 두루마기를 빠는 자들은 복이 있으니 이는 그들이 생명나무에 나아가며 문들을 통하여 성에 들어갈 권세를 받으려 함이로다."**(계22:14)

또한 이 부활의 산 소망을 가진 우리는 이 세상에서도 하나님의 자녀다운 거룩한 삶을 살아가게 될 것이다.(요일3:2~3) 그리고 마지막 날 영광의 예수님이 천사장의 소리와 큰 나팔 소리로 이 세상에 다시 오실 때, 우리는 해와 같이 빛나는 부활의 몸으로 다시 살아나 죄와 죽음이 없는 새 예루살렘 성에서 사랑의 예수님과 영원한 복락을 누리게 될 것이다. **"주의 죽은 자들은 살아나고 그들의 시체들은 일어나리이다 티끌에 누운 자들아 너희는 깨어 노래하라 주의 이슬은 빛난 이슬이니 땅이 죽은 자들을 내놓으리로다."**(사26:19) "그들은 하나님의 백성이 되고 하나님은 친히 그들과 함께 계셔서 모든 눈물을 그 눈에서 닦아 주시니 다시는 사망이 없고 애통하는 것이나 곡하는 곳이나 아픈 것이 다시 있지 아니하리니 처음 것들이 다 지나갔음이러라."(계21:3~4)

04

회복의 식탁에로의 초청

"그들이 조반 먹은 후에 예수께서 시몬 베드로에게 이르시되 요한의 아들 시몬아 네가 이 사람들보다 나를 더 사랑하느냐 하시니 이르되 주님 그러하나이다 내가 주님을 사랑하는 줄 주님께서 아시나이다 이르시되 내 어린 양을 먹이라 하시고."(요21:15)

오늘을 사는 현대인들이 겪고 있는 불행한 일들 가운데 그 하나는 무엇일까? 온 가족이 하루의 일과를 마치고 오손도손 식탁에 둘러앉아, 하루의 희노애락을 함께 하는 가족간의 '식탁 담화'가 그 중의 하나가 아닐까? 사랑하는 가족이 식탁에 둘러앉아 서로의 얼굴을 마주보며 대화하는 일은 우리의 일상에서 놓칠 수 없는 작은 행복일 것이다.

친구에게 상처를 받은 어떤 한 사람이 있다 하자. 어느 날 그 사람이 자기에게 상처를 준 친구를 초청하여 자기 식탁에서 서로 얼굴을 마주하고 함께 식사하며 대화를 나눈다고 하자. 초청 받은 친구는 이 '식탁의 교제'가, 곧 '친구와의 손상된 우정을 회복하는 예식이구나' 하고 생각할 것이다.

예수님은 제자들과 가진 마지막 만찬의 자리에서 그들이 모두 자신을 버릴 것을 예언하셨다. 베드로는 이 말을 듣고 예수님께 **"모두 주를 버릴지라도 나는 결코 주를 버리지 않겠나이다."**(요26:33)라고 말하였다. 예수님은 베드로에게 말씀하셨다. **"오늘 밤 닭 울기 전에 네가 세 번 나를 부인하리라."**(요26:34) 이에 베드로는 예수님께 **"내가 주와 함께 죽을지언정 주를 부인하지 않겠나이다."**(요26:35) 하고 다른 제자들도 같은 고백을 하였다.

예수님이 유대 관헌에게 붙잡혀 그들에게 모욕과 심문을 당하실 때였다. 베드로는 두려움에 빠져 멀리 서서 물끄러미 그 광경을 보고 있었다. 베드로는 한 여종이, 또 잠시 뒤 다른 여종이, 조금 뒤에는 그의 곁에 섰던 또 한 사람이 그가 나사렛 예수와 함께 있었다고 말하자, 그는 저주하며 맹세로 예수님을 부인하였다. 마침 그때 예수님의 말씀대로 닭이 울었다. 그리고 그를 바라보시는 예수님과 우연히 눈이 마주쳤을 때, 베드로는 예수님의 말씀에 **"닭 울기 전에 네가 세 번 나를 부인하리라"**는 말씀이 생각나서 밖으로 나가 심히 통곡하였다. **"칼아 깨어라 내 목자 내 짝 된 자를 치라 목자를 치면 양이 흩어지려니와 작은 자들 위에는 내가 내 손을 드리우리라."**(슥13:7)

그 뒤, 베드로는 다른 제자들과 함께 갈릴리 바다에서 물고기를 잡고 있었다. 하지만 그들은 그날 밤에 아무것도 잡지 못하였다. 날이 새어갈 무렵, 부활하신 예수님이 바닷가에 서셔서 그들에게 그물을 배 오른편에 던지라고 말씀하셨다.(눅5:4) 이에 그들이 그물을 던졌더니 잡은 물고기가 많아 그물을 들 수 없을 정도였다. 함께 있던 요한이 베드로에게 주님이시라 하니, 베드로는 벗고 있다가 이 말을 듣고 황급히 겉옷을 두른 후에 바다로 뛰어내렸다. 제자들은 그들이 잡은 물고기를 육지로 끌어올린 뒤, 예수님이 차려 놓은 떡과 생선을 먹으며 부활하신 예수님과 교제의 시간을 가졌다.

조반을 먹은 뒤, 예수님이 시몬 베드로에게 **"요한의 아들 시몬아 네가 나를 사랑하느냐"**(요21:15, 16, 17)며 세 번이나 물으셨다. 베드로는 예수님께 **"내가 주님을 사랑하는 줄 주님께서 아시나이다"**라며 거듭 고백하였다. 이에 예수님은 베드로에게 그의 양을 먹이고, 칠 것을 말씀하셨다. 이처럼 예수님은 세 번이나 자신을 부인한 제자 베드로에게 사랑으로 먼저 찾아와 회복의 식탁을 베풀어 주셨다. 그리고 그에게 세 번이나 거듭 자신의 양들을 부탁하셨다. **"주께서 내 원수의 목전에서 내게 상을 차려 주시고 기름을 내 머리에 부으셨으니 내 잔이 넘치나이다."**(시25:5)

예수님의 이런 모습에서 우리는 우리를 친구 삼아 교제하시며, 허물투성이인 우리와 함께 그의 거룩한 구원의 경륜을 이루어 가시는 은혜와 겸비의 하나님을 만날 수 있다. 이러한 측량할 수 없는 주님의 은혜에 대한 빚진 마음이, 베드로로 하여금 십자가의 순교를 기쁨으로 감당하게 하였을 것이다.(벧후1:13~14) 바다로 몸을 던진 베드로의 모습은 동산 나무 뒤에 숨은 아담의 모습을 연상하게 한다. 또한 자신을 부인한 베드로에게 먼저 찾아와 회복의 식탁에서 사랑의 대화를 나누신 예수님의 모습에서, 숨은 아담을 먼저 찾아와 그와 대화하시고 그에게 가죽옷을 지어 입히신 사랑의 하나님의 모습을 발견하게 된다. 이 측량할 수 없는 하나님의 사랑을 입은 자라면, 모든 일에 하나님을 친구 삼아 그와 의논하며 메마르고 황량한 이 세상 광야의 여정을 걸어갈 것이다.

요셉은 형들이 그를 죽이려 하고 노예로 팔아 버렸지만, 그는 그의 형들에게 구원과 회복의 만찬을 베풀어 주었다. 우리는 우리의 죄로 예수님을 죄의 노예로 팔아 십자가에 못 박아 죽였지만, 예수님은 요셉처럼 우리에게 영원한 생명과 회복의 만찬을 베풀어 주셨다. 우리가 때때로 엘리야처럼 광야의 여정에서 지치고 낙심되어 쓰러져 있을 때, 예수님은 우리 앞에 생명의 떡과 물을 차려 놓고 우리를 부르고 계신다는 사실을 잊지 말자. 설령 우리가 베드로처럼 감당할 수 없는 시험 가운데 예수님을 저주하며 부인했을지라도, 예수님은 우리 앞에 회복의 만찬을 차려 놓고 우리를 기다리고 계신다는 사실을 결코 잊지 말자.

그리고 예수님이 다시 오시는 그날, 우리는 '주님! 우리는 우리가 하여야 할 일도 다 하지 못한 무익한 종입니다'(눅17:10)라고 고백하며, 우리의 면류관을 하나님과 어린 양의 보좌 앞에 드리게 될 것이다. 보좌에 앉으신 하나님과 어린 양 예수님께 영원히 찬송과 존귀와 영광을 돌리며 영생의 복을 누리게 될 것이다. **"내가 또 보고 들으매 보좌와 생물들과 장로들을 둘러선 많은 천사의 음성이 있으니 그 수가 만만이요 천천이라 죽임을 당하신 어린 양은 능력과 부와 지혜와 힘과 존귀와 영광과 찬송을 받으시기에 합당하도다 하더라."**(계5:11~12)

EPILOGUE
나가기 전에 …

매사를 하나님과 의논한다는 것은 끊임없이 기도한다는 말이고, 의논하지 않는다는 것은 기도하지 않아도 할 수 있다는 교만중의 교만이라 말할 수 있다. 피조물 된 우리가 창조주 하나님께 묻지 않고 실행하는 것이야말로 우리의 모든 불순종의 뿌리이며 은혜와 능력의 하나님을 무시하는 행위이기 때문이다.

모든 일은 하나님이 계획하시고 실행하신다. 주님의 일을 주님께 묻지 않고 내 생각으로 하면 거기에는 반드시 하나님의 원수, 우리의 원수인 마귀가 개입되기 때문에 100% 실패하게 되어 있다. 내 생각을 내려놓고 내 힘으로는 아무것도 할 수 없기에, 그저 하나님의 뜻을 묻고 순종하며 따르기만 하면 된다. 그리고 감추어진 죄가 드러날 때 그 죄를 도말하기 위해 예수 피의 공로를 의지하고 부르짖어 회개하며 기도해야 한다. 회개로 속죄함의 은총이 임한 자에게 그 일을 맡기시며 성령께서 그 일에 동역해 주시기 때문이다. 거기에 하나님의 이적과 기사와 표적이 나타나는 것이다.

"일을 행하시는 여호와 그것을 지어 성취하시는 여호와, 그 이름을 여호와라 하는 자가 이같이 이르노라 너는 내게 부르짖으라 내가 네게 응답하겠고 네가

알지 못하는 크고 비밀한 일을 네게 보이리라."(렘33:2-3)

또한, 주님은 우리와 대화하시기를 원하시고 말씀 따라 순종하기를 원하신다. 매사를 주님과 의논하는 자는 이 세상에서 주님과 동행하며 하늘의 신령한 복을 누리며 살아갈 수 있다. 성경은 아브라함과 에녹의 삶이 그러하였고(창5:24) 다윗과 사도바울 같은 신실한 하나님의 선진들의 삶이 그러했음을 우리에게 증거하고 있다.(히1:1)

필자는 이러한 관점에서 하나님과 의논하는 복된 삶을 위해 중요한 교훈을 주는 성경 본문들을 개략적으로 살펴보았다. 이 책 '한 번이라도 하나님께 물어봐라'를 통해 조금이나마 독자들의 영적 생활에 도움이 되었으면 좋겠다. 모든 일을 하나님과 의논하는 겸비의 삶으로 하나님께 영광을 돌리고 이 땅에서도 하나님과 동행하는 에녹의 복된 삶이 여러분의 삶이 되기를 소원한다.

"믿음으로 에녹은 죽음을 보지 않고 옮겨졌으니 …… 그는 옮겨지기 전에 하나님을 기쁘시게 하는 자라 하는 증거를 받았느니라."(히11:5)

'성령님!
성령님을 거스르는 우리의 육신의 각을 뜨시고
각 뜨인 제물 위에 엘리야의 불로 임하여 주소서!
묻겠나이다 하리이다.
하나님의 영광, 생명의 복음 전하는 살아 있는 성전 되게 하소서!'

- 삼위 하나님께 모든 영광 올려드립니다. 주님이 하셨습니다!